ITIEL ARROYO

INCEN
DIARIO

INCEN(DIARIO)
Publicado por Editorial Vida, 2022
Nashville, Tennessee

© 2022 Itiel Arroyo
Este título también está disponible en formato electrónico.

Edición de estilo: *José Mendoza*
Diseño e ilustración: *Carlos Daniel Silva Villalba*

ISBN: 978-0-82977-141-1
ISBN: 978-0-82977-143-5 (eBook)
Número de control de la Biblioteca del Congreso: 2022934133

CATEGORÍA: Religión / Vida Cristiana / Crecimiento espiritual

IMPRESO EN COREA DEL SUR
24 25 26 27 28 LBC 17 16 15 14 13

Dedicatoria

A LOS INCENDIARIOS.

Y A MI HIJA ALAIA, A QUIEN LE VA A
TOCAR BRILLAR EN LA HORA MÁS OSCURA.

PARA ESTE MOMENTO NACISTEIS.
ARDED.

♥ INCEN(DIARIO)

40 DÍAS para ARDER

¿NO ARDÍA NUESTRO Corazón MIENTRAS conversaba con NOSOTROS EN EL CAMINO Y NOS EXPLICABA LAS ESCRITURAS?

LUCAS 24:32

Esto es MÁS que un Libro

Esto que tienes en tus manos parece un libro, pero es mucho más que un libro; es un diario interactivo que te guiará a través de una experiencia transformadora con Dios durante los próximos 40 días.

LO HE LLAMADO INCEN(DIARIO).

Espero que hayas notado que es un juego de palabras, la combinación de *Incendio* y *Diario*, es decir, un diario para provocar un incendio en tu alma en los próximos 40 días, a través de 40 textos, retos y ejercicios.

¿POR QUÉ DESEO PROVOCAR UN INCENDIO EN TU ALMA? PORQUE SE DICE DE NUESTRA GENERACIÓN QUE SOMOS APÁTICOS.

El diccionario define la apatía como el «*estado de desinterés en que se encuentra una persona, que se comporta con indiferencia ante cualquier estímulo*». Es decir, la apatía es la incapacidad de sentir emoción por algo: es la pérdida del entusiasmo. En definitiva, es la muerte de la pasión.

Lo cierto es que la apatía es una epidemia que ha infectado el alma de nuestra generación, pero lo que me impulsó a escribir el incen(diario) fue darme cuenta de que la Iglesia estaba siendo contagiada por esta enfermedad del corazón, haciéndonos perder la pasión por Dios. Una iglesia apagada, sin el fuego de la pasión por Dios y sin sus propósitos ardiendo en el corazón de los cristianos. ¿Las causas de esta apatía en la Iglesia? Diversas, pero una de las más evidentes es que estamos rodeados de demasiados distractores que absorben nuestra atención constantemente, anestesian nuestra alma y apagan la llama de la pasión por Dios en nuestros corazones. Por esa razón he escrito el incen(diario), para reenfocarte en lo eterno, para que tu apatía se consuma mientras sumerjo tu corazón en el fuego de la pasión por Dios. Para que vuelvas a vivir intensamente, como realmente se vive la vida que tu Creador te ha regalado.

Creo que todos llevamos pólvora en el alma, a veces durante décadas, esperando una chispa que nos haga arder, y he orado a Dios para que alguna frase de este libro sea la chispa que ponga tu alma en llamas. Estoy convencido de que un gran incendio puede comenzar con una pequeña chispa. Oro por tu avivamiento personal mientras escribo estas líneas.

Antes de estar en estas páginas, los 40 textos que están aquí escritos estaban en mis tripas. Escondidos, quemándome las entrañas. Y por primera vez me he atrevido a sacarlos hacia fuera, para que nos quemen a los dos. Para que juntos prendamos fuego al mundo que nos rodea. Son 40 textos inflamables sobre el carácter de Dios, la invitación divina a relacionarnos con él, los procesos dolorosos que experimentamos en la vida y el propósito que nuestro Creador tiene para nosotros. Cuarenta textos en forma de ensayos, prosa poética, memorias y aplicaciones prácticas que deseo que te aceleren el corazón y te hagan ver las cosas de una manera nueva y emocionante.

Hay libros que se escriben para llenar la mente de información, pero este libro ha sido escrito para poner tu mente en ignición.

PORQUE LA PASIÓN POR DIOS es COMO el FUEGO: si NO SE EXPANDE, SE EXTINGUE.

¿POR QUÉ 40 DÍAS?

Si has leído la Biblia, te habrás dado cuenta de que Dios, una y otra vez, impulsó a las personas a vivir jornadas especiales de 40 días. Por alguna razón misteriosa, parece que 40 días es un espacio de tiempo propicio para que Dios se encuentre con las personas y las prepare para cumplir sus propósitos en el mundo. Parece que 40 días representan una oportunidad para la transformación del corazón humano:

Moisés recibió las tablas de la ley al pasar 40 días en la cumbre del monte Sinaí.

Elías fue liberado de una profunda depresión después de una travesía de 40 días por el desierto.

La ciudad de Nínive tuvo 40 días para arrepentirse y evitar el juicio divino a causa de su horrible pecado.

Jesús ayunó durante 40 días antes de comenzar su ministerio público.

Los discípulos se encontraron con Jesús durante 40 días después de su resurrección y les dio mensajes importantes para afrontar lo que había de venir.

Una y otra vez, la Biblia nos relata cómo en periodos de 40 días, Dios transformó la vida de las personas, revelándoles sus misterios y preparándolas para afrontar nuevos desafíos.

¿No te resulta emocionante pensar en la posibilidad de vivir tu propia experiencia transformadora con Dios en los próximos 40 días?

He diseñado el incen(diario) para que sea una experiencia inmersiva, que combine lecturas inspiradoras y propuestas prácticas diarias. En los próximos 40 días te acompañaré en este viaje rumbo al avivamiento de tu pasión por Dios.

¡ESTOY EMOCIONADO POR verte ARDER!

Mi más sincero deseo como autor del incen(diario) es que, al igual que Dios habló a Moisés a través de una zarza ardiente, Dios te hable a ti a través de las páginas ardientes de este diario.

¿CÓMO VIVIR LA EXPERIENCIA DEL ~~INCEN(DIARIO)~~ ?

He diseñado el incen(diario) para que sea una experiencia de 40 días, divididos en 6 bloques temáticos, uno por semana. El orden de los capítulos diarios está pensado para hacerte avanzar progresivamente a un nivel mayor de pasión por Dios, empezando con un llamado a la intimidad con el Espíritu Santo y terminando con un impulso hacia la misión.

Cada día te propondré leer un texto corto y que medites acerca de lo que has leído. Seguidamente te pediré que realices una acción práctica, en el diario o fuera del diario, en la sección «Ahora tú».

Al principio de cada semana, te propondré un «Desafío incendiario» para que lo realices durante los siguientes 7 días. En total, te propondré realizar 6 desafíos que te empujarán a una vida más apasionada, porque para salir de la apatía tienes que ponerte en acción.

Al final de cada semana te invitaré a una evaluación y te pediré que hagas «Una pausa».

Aunque mi recomendación es que vivas esta experiencia tal como la diseñé, leyendo un texto cada día, realizando las tareas y completando los desafíos, entiendo que no será posible para todos los lectores. Por esa razón, quiero darte libertad para hacerlo a tu ritmo y decidir tu nivel de implicación con los ejercicios. Aunque si realmente deseas prenderle fuego a tu corazón, consagrar los siguientes 40 días para recorrer este viaje espiritual puede ser clave para tu transformación.

Finalmente, puedes elegir vivir la experiencia individualmente o en grupo, como una jornada reservada para el encuentro entre Dios y tú o acordar vivir la jornada en grupo, poniendo en común la experiencia vivida en un encuentro semanal, de manera presencial o virtual.

Conéctate con la ~~COMUNIDAD~~ VIRTUAL de INCENDIARIOS.

¿CÓMO APROVECHAR AL MÁXIMO EL INCEN(DIARIO)?

¡HAZLO TUYO!

Usa tu creatividad para convertir este diario en una expresión de ti mismo y un testimonio de tu viaje a través de estos 40 días de transformación.

¿Cómo? Usando tu creatividad retenida. Exprésate creativamente, sin límites ni restricciones, dejando que el niño creativo que llevas dentro se exprese con libertad en las páginas de este diario. Tu incen(diario).

Cuando yo era niño, tenía la costumbre de garabatear mis libros, subrayar las partes que me gustaban con rotuladores de diferentes colores y hacer dibujos creativos en los márgenes. No era muy habilidoso con mi arte, pero lo disfrutaba muchísimo y me ayudaba a interiorizar lo que leía. Así lo hacía parte de mí.

PERO RECUERDO QUE CONSTANTEMENTE ME REGAÑABAN DICIENDO: "ITIEL, LOS LIBROS NO SE PINTAN". SOBRE TODO CUANDO EL LIBRO QUE PINTABA ERA LA BIBLIA.

PUES BUENO, ESTE LIBRO SÍ SE PINTA.

De hecho, el incen(diario) está incompleto porque falta tu parte. He diseñado este diario para que interactúes con él, escribas en sus páginas y las llenes de color, para que arranques hojas y hagas acciones con ellas, para que pegues recortes y hagas collages creativos. Grapa, agujerea, embadurna y rasga este diario ¡Por favor, pinta este diario hasta hacerlo tuyo!

SOLO TE PIDO UNA COSA:

Sácale una foto a tu incen(diario) y compártelo en tus redes con el *hashtag* #SOYINCENDIARIO ¡Y etiquétame para que pueda verlo! ¡Quiero verlo!

LISTA DE MATERIALES QUE NECESITAS PARA
APROVECHAR AL MÁXIMO EL INCEN(DIARIO)

- Biblia
- Bolígrafos
- Subrayadores
- Lápices de colores
- Tinta
- Tijeras
- Cerillas
- Pegamento
- Cuchilla
- Cinta adhesiva
- Revistas
- Grapadora
- Pegatinas
- Aguja e hilo
- Fotos
- Lágrimas

Pero, sobre todo, ¿qué crees que necesitas para hacer de este
incen(diario) algo especial?

RESPONDE CON UNA PALABRA

Manifiesto incendiario

Así que viene ese tipo y me dice:

«Esta generación está apagada. Los veo en apatía, parece que no sienten nada, no se involucran en nada y no se comprometen con nada. Tristemente, creo que Dios no podrá hacer mucho con una generación así».

Entonces abro mi boca y comienzan a salir estas palabras:

¿Apagados? ¿Estás seguro de eso? Déjame hablarte de un movimiento en ignición.

Están entre nosotros y son portadores de un fuego que este mundo no conoce.

Raúl trabaja nueve horas al día en una oficina revisando informes, corrigiendo datos y ajustando cuentas.

Aparentemente un oficinista más.

Aparentemente.

Sandra estudia en la universidad de su ciudad, hoy pasará varias horas en la cafetería preparando una exposición, comerá un sándwich frío y se subirá nuevamente al autobús rumbo a casa.

Aparentemente una estudiante más.

Repito, aparentemente.

La gente piensa que Víctor es un mecánico como cualquier otro y que Patricia es una enfermera más del hospital y que José se dedica a servir comida, como tantas otras personas.

Pero, en realidad, ninguno de ellos es solo lo que parece.

Si prestas atención, si los miras a los ojos por un segundo, si eres capaz de ver más allá de las apariencias, descubrirás su alma en llamas.

Son luces en medio de un mar de oscuridad, porque Dios se ha metido dentro de ellos y ahora sus corazones combustionan con más energía que la del núcleo de las estrellas. En un mundo en apatía, ellos son el *big bang* de la esperanza.

Son diferentes. Cuando los conozcas, pensarás que son raros. Andan sueltos y caminan sin miedo, con un libro garabateado en sus bolsos y un brillo extraño en sus rostros. Arden con pasión cuando lo normal es estar apagado, no les interesa ser *influencers* porque ellos prefieren ser *inflamables*, y la causa les abrasa las entrañas: la causa de Jesús.

Lo sé... Parece que se dedican a teclear en el computador, a servir cafés, a reponer productos, a echar gasolina o a vender pan como cualquier otro esclavo del sistema, pero no te confundas: son parte de la conspiración de la luz y tienen un plan para poner su mundo en llamas.

Los verás llegar, con amor y con rabia.

Profetizando vida en medio del valle de los huesos secos.

Sanando corazones rotos, liberando mentes cautivas y plantando cara a la maldad.

Rompiendo los esquemas y pulverizando las barreras.

Siempre listos para sacrificarse por amor a su prójimo.

¿Quiénes son estas luces de otra dimensión? Son los incendiarios.

19

¿Te Gusta comer o beber mientras Experimentas este libro?

DEJA TU MARCA AQUÍ...

me llamo

_____

y soy un
INCENDIARI@.

DIOS, en los PRÓXIMOS 40 DÍAS Toma mi Corazón y PRÉNDELE FUEGO.

#1
DESAFÍO Incendiario

LUCHA POR TU CONEXIÓN con DIOS

VIVIMOS EN LA ERA DE LA DISTRACCIÓN RUIDO, RUIDO Y MÁS RUIDO.

Nuestras mentes son constantemente bombardeadas con propuestas de entretenimiento: música, series, pódcasts, redes sociales, videojuegos... Además de ser abrumados por nuestras múltiples responsabilidades académicas, laborales y sociales. Por lo que, al final del día, tanto ruido ahoga la voz de un Dios que nos susurra. Que nos susurra porque está cerca, a la distancia de una sencilla oración.

Créeme, pocas cosas son tan atacadas por las fuerzas del infierno como tu relación con Dios. Es como si todo el sistema de este mundo conspirase para robarte tu conexión con él, intentando capturar tu atención, constantemente, para que olvides quien te acompaña. Y este es probablemente el dolor más grande que podemos causarle a un Dios que nos ama: ignorarle.

Por esa razón, el desafío incendiario de esta semana es que luches por tu conexión con Dios. En los próximos siete días, en medio de tantas distracciones que intentan capturar tu atención, esfuérzate por ser consciente de la presencia de Dios contigo y dale tu atención.

¿CÓMO LO HARÁS?

Corta las cintas, usa una por día, y átala alrededor de tu muñeca a modo de pulsera, en tu brazo principal. También puedes usar una cuerda, un hilo grueso o un lazo de color llamativo, cuanto más llamativo mejor, para atraer tu atención.

A lo largo de la semana, cada vez que tu mirada se fije de manera espontánea en la pulsera, servirá como recordatorio de que Dios está presente, contigo; por lo que dirigirás tu atención a él, dedicándole, por unos segundos, unas palabras de afecto y adoración.

Al ponerte la pulsera en tu
muñeca, haz esta oración:

«DIOS, AYÚDAME,
EN ESTA SEMANA,
A SER CONSCIENTE
DE TU PRESENCIA,
EN MEDIO
DE TANTAS COSAS
QUE INTENTAN
DISTRAERME.

ME COMPROMETO
A LUCHAR POR
NUESTRA
CONEXIÓN».

CORTAR POR AQUÍ.

En una de las cartas personales que aún conservamos del apóstol Pablo, podemos leer una oración que él hace por los cristianos.

> «La gracia del Señor Jesucristo, el amor de Dios y la comunión del Espíritu Santo sean con todos vosotros. Amén».
> [2 Corintios 13:14]

Esta oración me resulta fascinante, porque, en tan solo unas pocas palabras, condensa toda la potencia de la Trinidad. Creo que esta bendición que dirige Pablo a la Iglesia resume las tres expresiones más intensas de cada miembro de la Trinidad, lo que yo llamo las «tres expresiones de Dios» que cada cristiano debe experimentar. De hecho, cuando Pablo hace esta oración, manifiesta su deseo explícito de que los cristianos disfrutemos completamente de estas tres expresiones de Dios. Es como si Pablo dijera: «Quiero que disfrutéis a Dios por completo, sin perderos nada». Esta era una de las obsesiones de Pablo, que los cristianos disfrutemos de la plenitud de Dios.

Entonces, Pablo nombra estas tres expresiones de Dios. En primer lugar, nombra el amor del Padre Celestial; en segundo lugar, nombra la gracia del Hijo Jesucristo; y, en tercer lugar, hace referencia a la comunión con el Espíritu Santo. Estoy convencido de que cada una de estas tres expresiones son las más intensas de cada miembro de la Trinidad. Es decir, creo que la expresión más intensa del Padre es el amor y que la expresión más intensa de Jesús es la gracia. Entiéndeme bien, no afirmo que son sus únicas expresiones, pero me resultan las más intensas. No sé si estarás de acuerdo conmigo en que Dios Padre nos muestra su amor de múltiples maneras, y Dios Hijo realizó el acto de gracia más grandioso al sacrificarse por nosotros en la cruz. Sin duda, el amor destaca en el Padre y la gracia destaca en Jesús. Así lo creo.

Dicho esto, aquí viene el descubrimiento que transformó mi vida cristiana para siempre hace unos años.

Y NO EXAGERO.

Si la expresión más intensa del Padre es el amor y la expresión más intensa de Jesús es la gracia, según esta bendición pronunciada por Pablo, la expresión más intensa del Espíritu Santo es la comunión. En otras palabras, la expresión más intensa del Espíritu Santo es la relación.

Pablo no hace referencia al Espíritu Santo como una fuente de poder sobrenatural, sino como un ser relacional. No dice «disfrutad del poder», sino «disfrutad de la relación».

Pablo quería que experimentemos la plenitud de Dios, por eso me lo imagino diciendo con euforia: «Iglesia, deseo que el amor del Padre sea vuestra fuente primaria de identidad y que la gracia del Hijo os haga vivir seguros de vuestra salvación. Pero, recordad que, gracias a lo que Jesús hizo en la cruz, el Padre os ha dado al Espíritu Santo para que disfrutéis de una relación con él».

Tengo la sensación de que demasiados cristianos piensan que el gran regalo del Evangelio es ir al cielo cuando mueran, cuando, en realidad, el gran regalo del Evangelio es que aquel que estaba en el cielo vino a habitar en ellos ahora. El Espíritu Santo es Dios contigo ahora. Esta es la evidencia de que el gran deseo de Dios no es solamente ser nuestro salvavidas eterno, sino nuestro amigo íntimo.

Tristemente, con el paso de los años, me he dado cuenta de que para muchos cristianos les es sencillo disfrutar de las dos primeras expresiones de Dios, pero no así de la tercera. La mayoría perciben el amor del Padre, viven bajo la gracia del Hijo, pero ¿qué hay de la relación con el Espíritu Santo? Cristianos sinceros, que se esfuerzan por crecer en su identidad como hijos del Padre o como discípulos de Jesús, llegan al final de su vida absolutamente inconscientes de la posibilidad de estrechar una amistad con el Espíritu Santo.

Honestamente, he llegado a la conclusión de que esto se debe al incorrecto entendimiento de lo que el Espíritu Santo es. Por las funciones que el Espíritu realiza, muchas veces se le ha considerado nada más que una fuerza ejecutiva de Dios, algo así como una energía divina que hace cosas. Como la electricidad.

Además, por cómo la gente describe sus experiencias con el Espíritu Santo, muchas veces parece que se refieren exactamente a eso, al contacto con una energía.

Yo mismo he descrito muchas veces la primera experiencia que tuve con el Espíritu Santo como el momento en el que fui sumergido en amor líquido. Yo era apenas un muchacho de trece años, tremendamente acomplejado a causa del *bullying* que experimentaba en el colegio, y con un sentido de rechazo que me hacía estar sediento de amor. Pero aquel niñito que fui se encontró una noche con el Espíritu Santo. Fue inolvidable. Me encontraba en una noche de vigilia, en un campamento de jóvenes en la montaña. Lo recuerdo bien. Alguien tocando la guitarra, aquel grupito de chicos y chicas cantando a Dios bajo la luz de las estrellas y a mí en un rincón, arrodillado, sintiéndome el más insignificante del universo. Y, entonces, ocurrió. Sentí como si litros y litros y litros de amor líquido cayesen sobre mí, como si estuviera debajo de una cascada. Es difícil de explicar, pero aquel niñito que anhelaba ser amado se encontró con el amor verdadero. Nunca podré olvidar esa sensación de ser sumergido en amor líquido, totalmente abrumado por lo que estaba sintiendo.

¡Y ES A ESO A LO QUE ME REFIERO!

A que la sensación abrumadora, tenga la forma que tenga, puede confundirnos, puede no dejarnos comprender su verdadera naturaleza. He oído a personas describir su experiencia con el Espíritu Santo como un hormigueo en las manos, como calor en el pecho o como frío en la espalda. Los he oído decir que es como una sensación eléctrica, una sensación de paz o una sensación de alegría. He oído de vibraciones, temblores y dolor en las entrañas. He oído de todo tipo de sensaciones en el cuerpo y en el alma, y no es de extrañar, porque hablamos del encuentro entre lo mortal y lo divino, hablamos de que lo sobrenatural entra en contacto con lo natural, por lo que es obvio que uno puede sentir cosas raras:

LLORAR
REÍR
GRITAR
DESVANECERSE
DIRÍA QUE ES LO MÍNIMO:
REACCIONAR

¿DIOS TE TOCA Y NO SIENTES NADA?

ENTONCES DEBES SER DE PIEDRA.

Sentir es normal y no hay nada de malo en ello. Pero, ¡cuidado!, porque puede confundirte. Por lo que te hace sentir, es fácil equivocarse y pensar que el Espíritu Santo es eso, una simple sensación, experiencia o sentimiento.

PERO NO. ES MUCHO MÁS QUE ESO.

Además, para mayor confusión, en la Biblia se utilizan diferentes símbolos para describir al Espíritu Santo como el viento, el fuego, el agua y el aceite, y esto no nos ha ayudado a desmitificar al Espíritu Santo como «algo».

Por eso, espero que puedas llegar a entender esto que hace unos años revolucionó mi vida cristiana para siempre.

Al Espíritu Santo, puedes sentirlo sobre ti como sientes el viento, pero no es viento.

El Espíritu Santo te purifica como lo hace el fuego, pero no es fuego.

El Espíritu Santo sacia la sed de tu alma como lo hace el agua, pero no es agua.

El Espíritu Santo sana tus heridas como lo hace el aceite, pero no es aceite.

¿POR QUÉ?
PORQUE EL ESPÍRITU SANTO NO ES ALGO, ES ALGUIEN.

Es el Alguien Más Impresionante del Universo

Él incubó la creación y la llenó de vida. Acompañó a los patriarcas en su viaje a lo desconocido, y guio al pueblo de Israel por el desierto, dándoles sombra de día y calor de noche. Él empoderó a Elías, para hacer caer fuego del cielo en el monte Carmelo, y mostrar así la supremacía de Dios. Y les mostró el futuro a Isaías, Jeremías, Ezequiel y Daniel. Él vino sobre Jesús en el Jordán, para equiparlo para la misión; y, finalmente, vino sobre la Iglesia en Pentecostés, para que sacudiésemos al mundo con el Evangelio.

El Espíritu Santo es nombrado en el primer capítulo de Génesis y en el último de Apocalipsis. Porque es el protagonista, pero si no le damos el protagonismo en nuestra historia es porque aún no hemos comprendido de qué se trata la historia.

Entiende bien esto, dedicar tu vida entera a conocerlo es la mejor inversión de tu tiempo, recursos y energía.

Él es tierno y peligroso.
Él es sorprendente y humilde.
Da a luz a los creyentes como una madre, los defiende del acusador como un abogado y los acompaña por el dolor como un amigo.

Él es Alguien. Por eso, no se evalúa, se sintetiza o se estudia como si fuese algo, hay que conocerlo. Podría nombrarte un millón de detalles sobre su fascinante personalidad, pero descubrir quién es él será la aventura de tu vida.

¿Qué puedes aprender de la personalidad del
Espíritu Santo leyendo estos versículos de la Biblia?

*Escribe 7 cualidades
del Espíritu Santo; él
es Alguien que:*

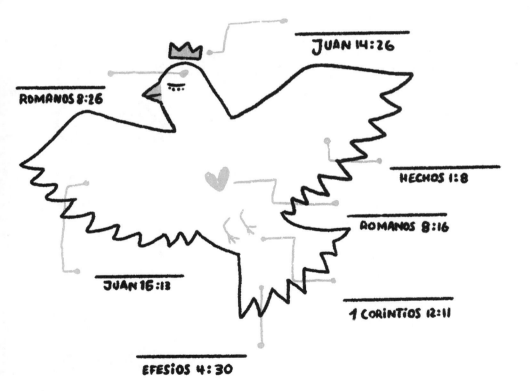

JUAN 14:26

ROMANOS 8:26

HECHOS 1:8

ROMANOS 8:16

JUAN 16:13

1 CORINTIOS 12:11

EFESIOS 4:30

Día 2 //

Cerca, muy Cerca, Cerquísima

Entonces, Jesús reunió a sus discípulos y les dijo algo que ninguno de ellos quería escuchar.

> «Os digo la verdad: Os conviene que yo me vaya, porque si no me fuera, el Consolador [Espíritu Santo] no vendría a vosotros, más si me fuere, os lo enviaré».
> [Juan 16:7]

Ahora, imagina conmigo ese momento. Haz el esfuerzo por unos instantes de ponerte en la piel de aquellos discípulos que escucharon a Jesús hacer esta afirmación y siente el impacto que sus palabras pudieron provocar en sus corazones, tan ligados emocionalmente a su maestro.

Imagina que eres uno de esos hombres o mujeres, que durante tres años siguió a Jesús de cerca. Muy de cerca. Tan cerca que bebiste vino de la misma copa que él y sentiste su mano mojada cuando te dio su pañuelo para que secases tu sudor mientras caminabais juntos bajo el sol, por los caminos polvorientos de Israel. Compartiste la comida con él a la sombra de una higuera y lo escuchaste hablar sobre los misterios del reino de Dios, mientras agarraba unos higos maduros y los saboreaba con entusiasmo, ensuciándose la barba. Le oíste reír muchas veces y también le oíste llorar, porque él no escondía sus sentimientos de ti, los dejaba fluir y te salpicaban el alma. Siempre te hacía sentir cerca, pero cuando lo veías predicar con autoridad frente a una gran multitud, pronunciando sermones tan impactantes que nadie podía olvidar, te temblaban las piernas porque sabías que estabas contemplando a un hombre sin igual. Sabías que estabas frente a alguien de otro mundo. Le viste hacer milagros sorprendentes, sanar a hombres a quienes se les caía la piel a trozos y desafiar las leyes de la naturaleza, deteniendo una tormenta feroz con un susurro de su voz. Estuviste con él el día que confrontó a una legión de demonios. Eso fue realmente épico, pero, honestamente, te puso más tenso cuando insultó en su misma cara a la élite religiosa, llamándolos víboras, saqueadores de viudas y tumbas bonitas. Se te hizo un nudo en la garganta cuando invitó a cenar a un grupo de prostitutas, borrachos y gente de mala fama, que terminaron llorando mientras le abrazaban y le daban las gracias. Se te erizó la piel y no sabías ni adónde mirar cuando se inclinó frente a ti, te quitó las sandalias y te lavó los pies.

Viste, oíste y sentiste todo eso.
Y eras consciente de tu privilegio.
Sabías que estabas viviendo un momento único en la historia.
Estabas cerca, muy cerca, cerquísima de aquel que los profetas predijeron que sería Dios envuelto en sangre, piel y huesos humanos. Dios encarnado, caminando contigo.

Entonces, inesperadamente, Jesús te llama.

—Tengo una buena noticia para ti —te dice con una sonrisa— me voy.
—¡¿Cómo que te vas?! —exclamas con indignación.
—¡Eso no es una buena noticia!
—Querido... —te contesta suavemente, mientras pone su mano en tu hombro y te mira con esos ojos llenos de luz.
—Es mejor para ti que me vaya a la presencia del Padre, porque, cuando esté allí, podré enviarte al Espíritu Santo y su compañía te conviene más que la mía.
—Jesús, pero no lo entiendo... —le dices llorando, mientras lo abrazas desesperadamente, como aquel que se aferra a su salvavidas en medio del océano.
—¿Quién puede convenirme más que tú? ¿Quién puede ser mejor compañía que tú? Por favor, no te vayas nunca.
—Sé que todavía no lo entiendes —te contesta.

—Pero pronto os enviaré a los confines de la tierra para anunciar el Evangelio, algunos de vosotros iréis al norte, otros al sur, también al este y al oeste, y, mientras esté en este mundo, mi presencia estará limitada por esta carne, limitada en tiempo y en espacio. Os esparciré por el mundo entero como el sembrador esparce la semilla en el campo, para que cada uno cumpla su propósito y dé mucho fruto, y la única manera de que pueda estar con cada uno de vosotros es a través del Espíritu Santo. Créeme, esta es la única manera de seguir estando cerca, muy cerca, cerquísima.

Ahora, sé honesto. ¿Crees que hubieses podido entender esta afirmación de Jesús? ¡Claro que no! De hecho, es probable que le hubieses abrazado con más fuerza durante varios minutos, en un intento desesperado por evitar que se marchara.

A Jesús, sus discípulos le entendieron mucho después. Concretamente, después de Pentecostés, cuando Jesús cumplió su promesa y les envió el Espíritu Santo. Fue entonces cuando comprendieron que el Espíritu Santo «en ellos» les convenía más que la presencia física de Jesús «con ellos». ¿Por qué? Porque Jesús con ellos era Dios en carne humana, limitado en tiempo y en espacio, pero el Espíritu Santo era Dios en ellos, en cualquier momento y en cualquier lugar.

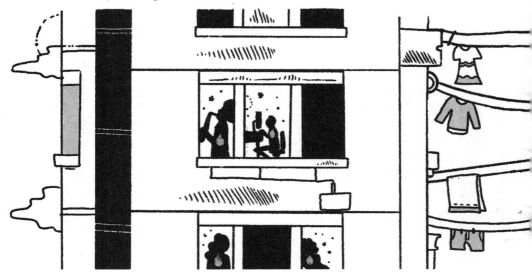

Por esa razón, incluso si hoy en día Jesús estuviese en forma humana sobre la tierra, nos convendría más el Espíritu Santo en nosotros.

¡Piénsalo! Si quisieras disfrutar de la compañía de Jesús tendrías que ir donde él está. Probablemente, tendrías que emprender un largo viaje en avión hasta Israel y después alquilar un coche para llegar del aeropuerto a la casa donde se hospeda. Pero claro, tú no serías la única persona que querría estar con él, por lo que tendrías que esperar tu turno en la fila. Supongamos que hay un millón de personas antes que tú que también desean encontrarse con Jesús y que Jesús se compromete a dedicar un minuto a cada una de ellas en exclusiva. Como Jesús estaría limitado por su humanidad, necesitaría dedicar 8 horas para dormir y al menos 2 horas para sus necesidades personales. Eso le dejaría 14 horas activas para atender a la fila. Aunque Jesús fuese muy eficaz en su atención, ¿sabes cuánto tiempo tendrías que esperar para tener 60 segundos de exclusividad con Dios?

¡TRES AÑOS!

TRES AÑOS DE ESPERA PARA LOGRAR UN MINUTO DE SU COMPAÑÍA.

Sin embargo, el otro día, en mi habitación, me desperté angustiado a las cuatro de la mañana a causa de una pesadilla, y ¿sabes quién estaba ahí conmigo? El Espíritu Santo.

En otra ocasión, me senté a estudiar la Biblia y ¿sabes quién estaba a mi lado para ayudarme a comprender lo que leía? El Espíritu Santo.

Otra jornada me disponía a enfrentarme a un desafío demasiado grande para mí, que me causaba un gran temor y ¿sabes quién me susurró «no temas, yo estoy contigo»? El Espíritu Santo.

Probablemente, como yo, hayas fantaseado con la idea de haber sido uno de los discípulos de Jesús, caminando a su lado, escuchándole hablar y contemplando sus milagros. Quizá te has despertado muchas veces de tu ensoñación triste, al creer que esa posibilidad solo estuvo disponible para unos pocos, pero no para ti. Pero déjame preguntarte algo. ¿Y si el Espíritu Santo contigo es la invitación de Dios para que viváis vuestras propias experiencias juntos?

El Espíritu Santo es Dios contigo en exclusivo, es la compañía de Dios con disponibilidad absoluta para ti, en cualquier lugar, en cualquier momento y en cualquier circunstancia.

¿ NO TE RESULTA EMOCIONANTE ?

EL ESPÍRITU SANTO ESTÁ CONTIGO AHORA. HABLA CON ÉL.

SIÉNTATE EN UNA SILLA Y PON LA OTRA SILLA VACÍA FRENTE A TI. ESTO TE AYUDARÁ A SER CONSCIENTE DE LA PRESENCIA DEL ESPÍRITU SANTO.

ESTA ES UNA GUÍA PARA AYUDARTE A HABLAR CON ÉL:

SÉ HONESTO Y DILE CÓMO TE SIENTES EN ESTE MOMENTO.

☐ *Ahora tú.*

CUÉNTALE ESTAS 3 COSAS:

LO QUE MÁS
TE ENTUSIASMA
EN ESTE MOMENTO

LO QUE MÁS
TEMES EN ESTE
MOMENTO

LOS PLANES QUE
TIENES A CORTO PLAZO

PREGÚNTALE ¿QUÉ PIENSAS DE MÍ?
Y GUARDA SILENCIO MIENTRAS CIERRAS TUS
OJOS PARA ESCUCHAR SU VOZ EN TU INTERIOR.

ESCRIBE AQUÍ LO QUE HAS ESCUCHADO DECIR AL ESPÍRITU SANTO:

Protege el Corazón del Espíritu Santo

Me contaron la historia de una familia misionera que se mudó a otro país, con emocionantes proyectos en su mente, pero con dudas de si habían elegido el lugar correcto. Quien alguna vez ha dejado su país atrás para emprender un proyecto misionero en otra cultura podrá entender los temores que sentían. Tenían miedo de haberse equivocado, de comenzar a trabajar en el lugar incorrecto. Al llegar a su nueva casa, se sorprendieron al descubrir un nido en el balcón y una paloma blanca que reposaba en él. Toda la familia celebró aquello como una señal divina de que estaban en el lugar indicado. Desde el primer momento, la familia mimó a aquella paloma con una especial atención y pronto se dieron cuenta de algo: era un ave especialmente sensible. Me contaron que, cuando la familia discutía acaloradamente por cualquier razón y elevaban el tono de su voz más de lo normal, la paloma se asustaba y volaba lejos del nido durante horas, a veces, durante días. Sin embargo, siempre regresaba, tímida, pero fiel. Entonces, pensaron «o la paloma se adapta a nosotros o nosotros nos adaptamos a la paloma». Pronto la familia comprendió que, si querían que esa paloma permaneciera cerca, ellos debían adaptarse a ella, debían ser conscientes de su sensibilidad. Por lo que esforzarse por no asustar a aquella paloma mejoró muchísimo la relación familiar. Podría decirse que cuidar la relación con aquella paloma los transformó.

Cuando escuché esta historia, recordé un acontecimiento que se relata en los Evangelios, el momento en el que Juan bautizó a Jesús en el río Jordán y algo extraordinario ocurrió a la vista de todos: el Espíritu Santo descendió sobre Jesús en forma de una paloma.

> «También dio Juan testimonio, diciendo: Vi al Espíritu que descendía del cielo como paloma, y permaneció sobre él. Y yo no le conocía; pero el que me envió a bautizar con agua, aquel me dijo: Sobre quien veas descender el Espíritu y que permanece sobre él, ese es el que bautiza con el Espíritu Santo».
> [Juan 1:32]

Juan fue testigo presencial de este acontecimiento. Dios le dijo que estuviese atento, que reconocería al Mesías porque el Espíritu Santo descendería sobre él visiblemente, pero no solo eso, sino que además permanecería sobre él. ¡Y este es un detalle muy significativo! El Espíritu Santo no solo descendería sobre alguien, sino que además permanecería sobre él. Entonces, Juan vio descender del cielo al Espíritu Santo en forma de una paloma y vio cómo se posaba sobre Jesús, ¡y no se marchó espantada! Permaneció sobre Jesús, como si estuviera en un lugar seguro, como si hubiese encontrado su hogar sobre el hombro de Jesús.

Entre todas las formas que el Espíritu podría haber elegido para revelarse, eligió la forma de una paloma. Piénsalo, podría haber descendido con la majestuosidad de un águila, pero no, descendió con la delicadeza de una paloma. Y eso debe significar algo, no puede ser casual. Estoy convencido de ello porque cada vez que el Espíritu se manifiesta de alguna forma, esa manifestación revela algo de su carácter. Entonces, de la misma manera que aquella familia misionera descubrió que su comportamiento afectaba notablemente a la paloma que hizo nido en su hogar, ¿será que nosotros tenemos que descubrir algo también sobre el Espíritu Santo?

Estoy convencido de que, al revelarse como una paloma, el Espíritu Santo nos estaba enseñando que él tiene una naturaleza sensible, nos estaba advirtiendo de que para relacionarnos con él debemos considerar su sensibilidad, nos estaba rogando que hagamos todo lo posible por proteger su corazón. Por favor, no me entiendas mal, no estoy diciendo que el Espíritu Santo sea débil. ¡De ninguna manera! Él es el ser más poderoso que existe, hace temblar a todo el imperio de las tinieblas, ni siquiera Satanás puede mantenerle la mirada, pero es sensible a nosotros por una sencilla razón: nos ama. ¿Y acaso no sabes que amar se trata de hacerse vulnerable al ser amado? ¿No has entendido aún que el que ama le da poder sobre su corazón al ser amado? Amar es eso, dar poder al otro para afectar profundamente tus emociones, amar es correr el riesgo de que te hieran el corazón. Por lo tanto, cuando el Espíritu Santo vino a morar en nosotros, nos estaba haciendo una declaración de amor, nos estaba mostrando su ardiente deseo de construir una relación con nosotros, y, para ello, el todopoderoso Espíritu se hizo vulnerable a nosotros. Nos entregó su corazón al desnudo.

Por eso, la Biblia dice «no entristezcáis al Espíritu Santo» (Efesios 4:30, NBLA). Porque, en esta relación, el Espíritu ha tomado el riesgo de permitir que nuestro comportamiento afecte profundamente a sus emociones. Nos ha amado y se ha hecho vulnerable. ¡Parece una locura! Dios Todopoderoso se ha hecho vulnerable a simples mortales, nos ha dado el poder de partirle el corazón. Descubrir esto ha transformado mi manera de relacionarme con él, me ha hecho ser más cuidadoso con mi comportamiento.

Estamos tan acostumbrados a imaginar al Espíritu Santo como una fuerza impersonal, como una energía divina a la que llamamos «unción», que nos cuesta imaginarlo como un ser emocional. Nos referimos a él como «el poder», y sin duda es poderoso, pero ignoramos una parte fundamental de su personalidad y no le conocemos como «el sensible». Nos es sencillo percibirlo como el poder que creó el cosmos o el poder que hizo temblar al Imperio egipcio o el poder que hizo salir huyendo a una legión de demonios, pero ¿como alguien que ama con ternura? ¿Como alguien que siente? ¿Como alguien que se hace vulnerable al dolor del rechazo por parte del ser amado? La unción tiene corazón. Esta es una visión muy comprometedora para todos aquellos que recibimos al Espíritu Santo.

Sinceramente, sé que ha sido un regalo que el Espíritu haya descendido sobre mí, pero hacer que permanezca sobre mí es una responsabilidad. Aclaro que no estoy hablando de perder la salvación, sino de perder la conexión. No me interesa discutir sobre doctrina contigo. Estoy intentando hacerte comprender que el cómo nos comportamos afecta a nuestra conexión con el Espíritu Santo, incluso aunque él no nos abandone. Si le entristecemos, perdemos algo, llámalo como quieras, pero algo se bloquea.

y Créeme, pocas son tan importantes como proteger tu conexión con Dios.

En una ocasión, un joven que había sido bautizado con el Espíritu Santo, en una de nuestras celebraciones, se acercó a mí y me preguntó: «Itiel, ¿qué hago para que no se apague el fuego que está en mí ahora?». Y yo le contesté: «Descubre qué le entristece y no lo hagas».

ENTIENDE ESTO, ¡POR FAVOR!

Tan cierto como que el Espíritu es un fuego incontenible es que es una paloma muy, muy, muy sensible. Hipersensible, aunque suene mal decirlo. Muchas veces hemos orado pidiendo que «el fuego caiga» sobre nosotros, pero ¿y si comenzamos a orar para que «la paloma repose» sobre nosotros?

Si quieres que esta Santa Presencia permanezca sobre ti, no esperes a que ella se adapte a ti. Tú debes adaptarte a ella.

Porque, ¿cómo caminarías si una paloma se hubiera posado en tu hombro y quisieras que permaneciera sobre ti? ¿Cómo hablarías? ¿Cómo te moverías? ¿En qué ambientes estarías? ¡Piénsalo! Visualízate a ti mismo con una paloma sobre tu hombro, moviéndote con cuidado, hablando con suavidad y evitando lugares caóticos para no espantarla.

Entonces, ¿cómo debe ser tu comportamiento si una Santa Presencia está sobre ti? Un ser sensible a nuestros actos, que tiene un carácter puro y que aborrece el pecado.

> ¿Cómo serían tus conversaciones con tus compañeros de trabajo en su presencia?
> ¿Qué verías en Internet en su presencia?
> ¿De qué manera discutirías con tu esposo(a) en su presencia?
> ¿Cómo besarías a tu novia en su presencia?
> ¿En qué lugares entrarías en su presencia?

Quizá, cuando nos referimos a una persona como «muy ungida», no es que esta tenga más poder del Espíritu, sino que tenga al Espíritu más cerca, más cómodo y feliz. Una persona en la cual el Espíritu reposa.

¿No te impresiona esto? Que el Espíritu Santo te haya dado el poder de afectar sus emociones ¡es demasiado! Con esta imagen de la paloma sobre tu hombro quiero desafiarte a ser el protector del corazón del Espíritu Santo.

Ese corazón sensible
—que se emociona,
que se alegra y que se duele—,
ahora es tuyo.

POR FAVOR, NO HIERAS EL CORAZÓN MÁS PURO QUE EXISTE

Un corazón que ha tomado el riesgo de amarte para siempre, con todas las consecuencias que ello implica. Porque quizá no sabías que las palomas, a diferencia de las otras aves, son monógamas, es decir, eligen una pareja para el resto de su vida y no la cambian. Son fieles hasta la muerte. Como el Espíritu Santo, que te ha elegido a ti y permanece fiel a pesar de que tú le hayas partido el corazón muchas veces. A pesar de todo, te espera, te espera pacientemente, anhelándote celosamente, deseando una relación contigo.

PIÉNSALO, POR FAVOR. CONSIDERA EL PRIVILEGIO Y LA RESPONSABILIDAD.

Porque aún recuerdo el grito desgarrador de aquella mujer que, tomada por el Espíritu Santo, convirtiéndose en el megáfono de su voz, por unos segundos, imploró entre lágrimas:

«NO ME HIERAS EL CORAZÓN, TE LO RUEGO. ME DUELE, DUELE MUCHO».

¿ESTÁS DISPUESTO A CUIDAR CON CELO EL CORAZÓN QUE TE HA SIDO DADO?

☐ *Ahora tú.*

Para ayudarte a ser consciente de la Santa Presencia que está sobre ti, haz lo siguiente.

- Busca un pañuelo de papel o una servilleta.
- Despliégalo y ponlo sobre tu hombro izquierdo, como si fuese una paloma que se ha posado sobre ti.
- Muévete por la habitación, mientras hablas con el Espíritu Santo, pero hazlo con cuidado, evitando que el pañuelo se caiga de tu hombro.

Una vez que hagas este ejercicio, lleva el pañuelo contigo durante el resto del día. Guárdalo en el bolsillo, la mochila o el bolso, como señal de tu compromiso de proteger el corazón del Espíritu Santo. Piensa en cómo tu comportamiento afecta a su corazón; en cómo lo que ves, lo que dices, lo que escuchas, lo que haces e incluso lo que piensas, puede entristecer o alegrar su corazón.

AL DÍA SIGUIENTE, PEGA AQUÍ UN TROZO DEL PAÑUELO COMO RECUERDO DE ESTA EXPERIENCIA.

La Misma Semilla

Piénsalo por un momento y deja que este pensamiento se escurra por todos los rincones de tu alma, hasta que te emocione como debería emocionarte.

DIOS VIVE EN TI.
QUIZÁ NO HAS PRESTADO SUFICIENTE ATENCIÓN A LO QUE ACABAS DE LEER, POR LO QUE VOY A REPETIRLO.

El eterno, el arquitecto del cosmos, el Creador del espacio, el tiempo y la materia, ha decidido hacer en ti su morada.

Por muy loco que te pueda parecer, el Evangelio dice esto, que Dios desestimó vivir en templos hechos de mármol, de oro y piedras preciosas, para vivir en templos hechos de carne, de sangre y huesos, de tendones y tripas; menospreció los templos inertes hechos de materiales nobles, para vivir en templos vivientes hechos de barro.

Eso nos convierte en portadores de la presencia de Dios y no creo que haya nada más grandioso que pueda conseguirse en este mundo que esto (y, cuando me refiero al mundo, me refiero a cualquier rincón del universo).

El apóstol Pablo lo expresó de esta manera:

«Tenemos este tesoro en vasijas de barro»
(2 Corintios 4:7)

Cuando Pablo se refiere a nosotros como vasijas de barro donde se esconde un valioso tesoro, la primera imagen que viene a mi mente es la de un macetero de arcilla donde Dios planta una semilla. Nosotros somos la maceta y el Espíritu Santo es la semilla.

A todos nosotros se nos ha dado gratuitamente la misma semilla del Espíritu Santo cuando creímos en el Evangelio, exactamente la misma semilla.

La misma semilla que le fue dada al apóstol Pablo te ha sido dada a ti.

La misma semilla que le fue dada a María, a Pedro, a Juan o a cualquiera de los protagonistas del Nuevo Testamento te ha sido dada a ti.

La misma semilla que le fue dada a John Wesley, Charles Spurgeon, Katherine Kuhlman o Billy Graham te ha sido dada a ti.

La misma semilla que le fue dada a cualquier hombre o mujer de Dios que admires por el depósito divino que portan en ellos te ha sido dada a ti.

Exactamente la misma.

No una inferior, ni de peor calidad, ni más pequeña.

La misma.

Y sé que lo que te incomoda de esta afirmación es pensar que, si a todos se nos dio la misma semilla, ¿por qué hay maceteros que se ven tan rebosantes de vida y otros que se ven tan marchitos? ¿Por qué hay personas que parece que portan una mayor medida de la presencia de Dios en sus vidas que otras? Parecería como que a algunas personas Dios les ha dado una semilla especial, pero no, todos hemos recibido la misma semilla del Espíritu Santo. Entonces, ¿por qué algunos están tan rebosantes de Dios?

Porque, aunque la semilla sea la misma, el fruto que se obtiene de ella está determinado por la inversión que hagas en regarla, abonarla y protegerla. La semilla en sí tiene todo el potencial dentro de ella para dar fruto, pero, si no se trabaja, no se obtiene la cosecha. Y hay personas que miman la semilla y otros que la ignoran. Insisto, la semilla divina es la misma para todos; sin embargo, es tu forma de cultivarla lo que determinará el crecimiento de la presencia de Dios en tu vida, lo que determinará la grandeza y la belleza de la manifestación de Dios en ti.

Lo que muchos no entienden es que recibir la semilla es gratis, pero hacerla florecer implica pagar un precio. Recibir al Espíritu Santo es pura gracia, pero la manifestación de sus frutos es la recompensa de dedicarle esfuerzo e invertir tiempo en cultivar una relación con él.

Por esa razón, hay personas que parecen jardines en primavera y llenan el ambiente con la fragancia de la presencia de Dios; otras, sin embargo, parecen sequedales, donde apenas crecen unas florecillas. Hay personas con tanto fruto del Espíritu que alimentan a todos y otras donde apenas se recogen unas frutitas rancias. La diferencia entre unas personas y otras no está en el Espíritu que recibieron, sino en la inversión que hicieron para cultivar intimidad con él.

Así que, cuando veas a alguien rebosante de Dios, recuerda que Dios no tiene favoritos, tiene íntimos.

Ahora Tú

¿QUÉ NECESITA TU SEMILLA PARA FLORECER?

RESPONDE CON UNA PALABRA.

ESCRÍBELA RASGANDO ESTA PÁGINA CON ALGO AFILADO.

Idiotizados

¿POR QUÉ NOS CUESTA TANTO CONECTAR CON LA PRESENCIA DE DIOS? CREO QUE SE DEBE A QUE ESTAMOS INTOXICADOS.

Tan intoxicados con los placeres de este mundo que nos hacemos insensibles a la presencia de Dios, tan saciados de entretenimiento que perdimos el deseo por Dios. Simplemente no tenemos hambre. Y punto.

PERMÍTEME EXPLICARME.

Imagina que te invito a comer a un restaurante *gourmet*, uno de esos restaurantes cinco estrellas, donde un chef de alta cocina prepara un plato exclusivo para ti. Me refiero a uno de esos restaurantes carísimos, donde los productos son de primera calidad y la elaboración de los platos es un espectáculo. Creo que te haces una idea del lugar al que me refiero. Con mucha dificultad, consigo reservar un lugar para el almuerzo del domingo y tendrás el privilegio de degustar la especialidad del chef, una receta inigualable alabada por los mejores paladares del mundo. Pero, justo una hora antes de la cita, abres tu nevera y sacas una botella de dos litros de Coca-Cola que te bebes sin dejar gota, mientras la acompañas con una bolsa gigante de nachos.

Ahora, piénsalo. ¿Qué crees que ocurrirá cuando estés sentado en la mesa del restaurante y te sirvan la comida?

Muy probablemente, cuando pongan delante de ti el plato con la especialidad del chef, no sentirás deseo de comer aquella delicia, por muy suculenta que sea, porque habrás perdido el apetito. Es decir, no sentirás deseo por la buena comida, porque habrás boicoteado la sensibilidad de tu estómago al haberte intoxicado con dos litros de Coca-Cola. Tu estómago no deseará el plato *gourmet*, y tu paladar no responderá al estímulo del olor de las delicias del chef, porque haberte intoxicado con comida basura te ha hecho insensible al estímulo de la buena comida. Y, mientras los demás comensales están salivando sobre el plato, tú no sientes deseo de comer. Simplemente, no tienes hambre. Y punto.

¿QUÉ IMPORTA SI NO ME LA COMO?
LO IMPORTANTE ES NO QUEDARSE CON HAMBRE.

No seas idiota, ¡por favor! Espero que a estas alturas de la vida te hayas dado cuenta de que no se trata solo de saciar el hambre, sino de alimentarte bien y, si es posible, disfrutar de los placeres de la buena comida. Es ridículo conformarte con tener tu estómago lleno de cualquier cosa, cuando se te ofrece la posibilidad de vivir una experiencia gastronómica. ¿No te das cuenta de que el capricho de saciar tu hambre con lo que sea te ha arrebatado una experiencia valiosa, algo único e inolvidable? Lo más triste es que muchos no parecen sentir la pérdida, porque tienen el estómago inflado, incluso pueden llegar a menospreciar la buena comida por estar saciados o, mucho peor, la pueden rechazar con arcadas.

Añádele a esta idiotez una irresponsabilidad peligrosa. Que dos litros de Coca-Cola mezclados con una bolsa de nachos digiriéndose en tu estómago no solo no te nutre, sino que te intoxica el cuerpo, llenándotelo de azúcar. Un veneno dulce, pero veneno, al fin y al cabo. Te estás matando por idiota, eso, sí; eres un idiota sin hambre. Que conste.

¿ME ESTOY EXPLICANDO?

El verdadero drama es que de la misma manera en que insensibilizas a tu estómago para disfrutar de un placer superior por haberlo intoxicado con un placer inferior, haces lo mismo con tu alma. Tu alma deja de tener deseo por Dios porque está saciada con los placeres de este mundo, tan intoxicada de entretenimiento instantáneo que se hace insensible a la presencia de Dios. Y, una vez más, boicoteas tu capacidad de disfrutar de un placer superior por haberte intoxicado con un placer inferior.

Por favor, no me entiendas mal. El entretenimiento en sí mismo no es malo, pero el exceso de entretenimiento te arrebata el deseo por la presencia de Dios, te roba el hambre de Dios por estar saciado con otras cosas que te hinchan el alma. Y alguien que no tiene hambre de Dios no lo busca o, peor aún, lo considera despreciable por estar saciado con otras cosas. Ese alguien llega a creer que Dios no es necesario.

De esta manera, nuestras almas están desnutridas y famélicas, y, aunque nos estamos muriendo por dentro, parece que no nos damos cuenta, porque estamos intoxicados de entretenimiento. Nos estamos envenenando el alma con un veneno dulcísimo, pero devastador.

ESTO ES NUESTRO VERDADERO DRAMA.

Considéralo por unos instantes. Nuestra generación está rodeada por un montón de propuestas de entretenimiento que nos idiotizan. Siempre en los bolsillos de nuestro pantalón o en el bolso, a un clic de distancia, tenemos más opciones de entretenimiento de lo que jamás haya tenido ninguna otra generación a lo largo de toda su vida. Millones de vídeos en YouTube, de canciones en Spotify y de series en Netflix. Interminables posts de nuestros amigos en Instagram y Facebook, y noticias en Twitter para hacer *slide* durante horas. El último *challenge* en TikTok de parejas haciendo bailecitos, libros electrónicos en Amazon, pódcasts sobre emprendimiento, *streams* en directo de personas jugando a videojuegos, chats de discusión sobre la última conspiración y, como no, fotos de gatitos súper mega ultra divertidas. ¡Ah!, y nuestras importantísimas conversaciones por WhatsApp. Y los memes, no olvidemos los memes. Todo un mundo de posibilidades efímeras para estimular tu alma, pero que poco a poco te drenan el deseo por lo eterno. Como vampiros que te chupan la pasión hasta vaciarte el corazón, para que no te quede pasión que brindarle a Dios.

PODRÍAS TENER A DIOS FRENTE A TI Y NO SENTIR DESEO POR ÉL. PERCIBIRLO COMO ABURRIDO.

Porque, querido lector, el consumo de entretenimiento constante es nuestra manera de decirle a Dios que estamos aburridos de él. Que contemplar el brillo de nuestro *smartphone* es mejor que contemplar su Gloria.

¿Suena fuerte? Así somos de idiotas (He escrito la palabra «idiota» muchas veces en los últimos párrafos y no creo que esto le vaya a gustar a la editorial, pero necesito que quede claro que somos unos auténticos idiotas cuando nos perdemos a Dios por andar entretenidos con estupideces).

Siendo honesto contigo, aunque yo he degustado las delicias de la presencia de Dios, muchas veces me sorprendo a mí mismo dándome un atracón de entretenimiento basura. Admito que, durante mucho tiempo, lo primero que he mirado al despertar ha sido mi *smartphone* y lo último que he mirado, antes de dormir, ha sido mi *smartphone*. Confieso que, por temporadas, he perdido mi deseo por Dios, por haber saturado mi alma con distractores.

Pero ¿por qué nos pasa esto? ¿Por qué somos capaces de preferir el entretenimiento por encima de Dios? Porque es fácil preferir el azúcar por encima de la comida saludable. Una chocolatina nos da satisfacción instantánea, a bajo coste; sin embargo, disfrutar de una comida saludable requiere tiempo, de un proceso y de una inversión. Todos sabemos racionalmente qué es lo mejor, pero parece que instintivamente elegimos la opción que requiere menos esfuerzo y nos hace sentir bien fácilmente, aunque resulte ser la opción equivocada. Aunque resulte ser la opción que nos mate lentamente. Pero, además, es necesario exponer esto, que el azúcar es tremendamente adictivo y te hace dependiente.

¿CÓMO LLEVAS TU ADICCIÓN AL AZÚCAR?

Probablemente, me digas que tú no eres ningún adicto, que no devoras tarros de azúcar a cucharadas, pero nadie es consciente de cuán dependiente es del azúcar hasta que hace un ayuno. Dejas de comer por 48 horas y tu cuerpo empieza a reaccionar de forma extraña: te duele la cabeza, te sientes mareado, estás somnoliento, tremendamente irritable... ¿Qué es todo eso? ¿Acaso son ataques demoníacos para impedirte ayunar? ¡No! Nada que ver con demonios, es tu síndrome de abstinencia del azúcar. Créeme, aunque no te eches azúcar en el café, la industria alimenticia se ha encargado de edulcorar todos los alimentos de tu dieta: hay azúcares añadidos en todos los zumos, panes, embutidos y pastas que comes. ¡Una auténtica locura! Y te sorprendería descubrir cuánto azúcar corre por tu torrente sanguíneo, haciéndote adicto, de manera inconsciente, a esa sustancia. Basta con dejar de comer por unos días para descubrir cuan dependientes somos del azúcar.

De la misma manera, somos más adictos al entretenimiento de lo que queremos admitir y basta hacer un ayuno de entretenimiento para darnos cuenta de cuan enganchados estamos a estos distractores de la era digital. A una generación que es adicta al entretenimiento no le queda deseo para Dios. Créeme, si quieres recuperar el hambre por Dios, tienes que dejar de comer basura durante unas semanas.

Hay que Desengancharse de lo que Caduca para Engancharse a lo Eterno.

Ahora tú.

ESCRIBE AQUÍ ALGUNAS DE ESAS OPCIONES DE ENTRETENIMIENTO QUE TE ROBAN EL HAMBRE POR DÍOS.

Ahora....

¿TE ATREVES A DEJAR DE COMER BASURA DURANTE TRES DÍAS?

Escribe tu compromiso voluntario con Dios:

Baila con Dios como si nadie te estuviera Mirando

« ERA FELIZ Y NO ME HABÍA DADO CUENTA ».

Temo que pasen los años y, al mirar atrás, piense esto. Que no disfruté el momento por estar obcecado en lograr algo que supuestamente se encontraba más adelante.

Puedes pasar años pensando que te falta «algo» concreto para ser feliz, pero créeme, cuando por fin alcances ese «algo», pensarás que la felicidad se ha escondido de ti en el siguiente objetivo, hasta que entiendas que la alegría no se encuentra en alcanzar una meta, sino en disfrutar el camino.

Permíteme convencerte con esta experiencia que viví con mi hijita Alaia, que se convirtió en una oportunidad para que Dios me recordase esta verdad que olvido con tanta frecuencia.

Me llevé a mi pequeña de tres años a la ciudad. Tenía que comprar unos libros en la librería del centro urbano, pero como estacionar allí suele ser misión imposible, aparqué el coche en un estacionamiento a las afueras. De esta manera, teníamos que caminar durante veinte minutos por las calles de la ciudad, y esta, sin duda, era mejor opción que meter el coche en medio del caos.

Comenzamos nuestra ruta juntos, rumbo a la librería, y, como mi cerebro acostumbra a hacer, calculé la ruta más eficiente para llegar a nuestro destino. No sé si te identificas con mis reflejos mentales, pero es así como estoy programado, para alcanzar el objetivo y hacerlo lo más rápido posible, para pasar después al siguiente. Obsesionado por alcanzar la meta, adicto al logro cumplido. Sin embargo, mi hija tenía otros planes: ella quería jugar conmigo.

—¡¿A que no me pillas papá?! —gritó mientras salía corriendo. Admito que, al principio, corrí detrás de ella por miedo a su mamá, no quería enfrentarme a la furia de Dámaris, al decirle que había perdido a su hija en la ciudad por no mover el trasero.

Pero, como siempre hace, Alaia no tardó en sacarme de mi mundo lleno de listas de tareas, rutas eficientes y objetivos que lograr, para meterme en el suyo: un mundo lleno de magia. Para mí, el camino no era más que distancia que recorrer, pero Alaia convirtió ese camino en un parque de atracciones, donde había adoquines que saltar, bordillos para hacer equilibrio y muros que escalar. Se subió a unas escaleras como si fuese su escenario y comenzó a bailar para mí, de esa manera peculiar que me hace tanta gracia.

—Mira cómo bailo, papá —me dijo mientras movía sus piernitas.
—Baila conmigo, papá —me propuso como si nadie nos estuviera mirando, en esa calle llena de gente.

Y, cuando quise darme cuenta, me había olvidado de llegar a la librería, porque disfrutar del camino con mi hija se había convertido en una meta más importante.

Para mi hija, llegar a la meta no era lo importante, lo importante era jugar con su papá en el camino. Y, si algo va a dejar una huella en su memoria, no serán los títulos de los libros que compré ese día, sino los recuerdos que creamos juntos mientras bailábamos. Entonces, tuve uno de esos momentos de claridad en mi alma, que identifico como la voz de Dios hablándome:

Itiel, ¿Por qué tú y yo no bailamos más?

Sinceramente, esa pregunta me persiguió durante todo el día, porque sabía que Dios también está más interesado en disfrutar del camino conmigo que en las metas que pueda alcanzar en su nombre. Siendo brutalmente honesto, sé que Dios está interesado en que construyamos recuerdos juntos, mientras que yo me enfoco en lograr objetivos. ¡Y no me entiendas mal! No es que no ame a Dios o no quiera relacionarme con él; es que me obsesiono demasiado por alcanzar metas que están en el futuro y pierdo los momentos especiales que Dios me regala en el presente.

Esta es la tragedia de no vivir en el presente por estar obsesionado con el futuro, que en realidad no vives, porque solo se puede vivir en el presente, no en el futuro. El futuro aún no existe y, si acaso existe, no te pertenece. Solo posees el ahora que tanto menosprecias.

ENTIENDES DE LO QUE HABLO

Nuestra mente es capturada por el futuro y nos arrebata el presente. Y, créeme, el futuro puede ser un carcelero muy tirano. Te tortura en la mente con el látigo de la ansiedad, cuyas hebras están compuestas por todas las expectativas no cumplidas en tu vida.

Cuando nuestra mente se intoxica con exceso de futuro, es decir, con un enfoque desmedido en aquello que está por venir o que debemos lograr, nos aísla del presente y nos roba la alegría de experimentar la presencia de Dios en el ahora.

¿Cuántas veces pones una canción en Spotify y, antes de que termine, ya has hecho clic en el botón para pasar a la otra? Como si creyeses que lo que está buscando tu alma se encuentra en la siguiente canción.

Siempre en la siguiente canción.
O en el siguiente fin de semana.
O en el siguiente novio.
O en el siguiente viaje.
O en el siguiente título.
O en el siguiente trabajo.
O, qué sé yo, en el siguiente chute de dopamina.

Esta es la neurosis de nuestra generación: la ilusión de que encontraremos ese algo en la siguiente canción, cuando, en realidad, ese algo se trata de bailar, mientras la música está sonando.

Pero es normal que vivamos tan obsesionados con alcanzar metas, porque nos han dicho que la vida plena se trata de tener un gran sueño y perseguirlo, viajar lejos y experimentar sensaciones inolvidables, comer eco y tener un cuerpo *fit*, trabajar en algo que cause un impacto en la historia... Y, aunque esas cosas son metas estimulantes, lo que parece que nos están diciendo es que siempre le falta «algo» más a nuestra vida, que tenemos que alcanzar «algo» que se encuentra en el futuro para estar completos. Pero lo que Dios te dice es que estás vivo ahora y que le tienes a él ahora. Dios está caminando contigo y disfrutar de este momento es el «algo» que tanto anhelas.

Su Presencia solo se encuentra en el presente, por esa razón oro así: «Dios, ayúdame a vivir totalmente en el presente y ser consciente de tu Presencia conmigo ahora». Algunos místicos cristianos llamaron a esto «practicar la presencia».

La Biblia, en el capítulo 5 del libro de Génesis, expone una larga genealogía de personas que nacieron, vivieron y murieron, pero, entre todas ellas, el Espíritu Santo destaca a un hombre llamado Enoc, no por sus logros, sino porque disfrutó del camino con Dios.

Génesis 5:23-24 resume su vida con estas palabras:
«Fueron todos los días de Enoc trescientos sesenta y cinco años.
Caminó, pues, Enoc con Dios, y desapareció, porque le llevó Dios».

Esta fue la irresistible virtud de Enoc, que impulsó a Dios a hacer una excepción con él, arrebatándole de este mundo al suyo sin pasar por la muerte: Enoc sabía caminar con Dios.

Siempre me imagino la escena de la siguiente manera. Un día, Enoc salió a caminar con Dios, y los dos estaban disfrutando tanto de la conversación que no se dieron cuenta de que se había hecho de noche. Tanto habían caminado que se alejaron mucho de la casa de Enoc, por lo que Dios le dijo: «Amigo mío, estamos más cerca de mi casa que de la tuya». Y Dios se lo llevó para continuar la velada en el Paraíso.

ME EMOCIONA PENSAR EN QUE DIOS PUEDA DISFRUTAR TANTO DE LA COMPAÑÍA DE UN HOMBRE QUE SE LO LLEVE CON ÉL PARA CONTINUAR LA CONVERSACIÓN.

¡No te pierdas la oportunidad de disfrutar del camino con Dios!
Camina despacio, respira profundo y experimenta su presencia ahora.

Dios no tiene prisa por llegar a una meta, porque la meta es disfrutar contigo del camino.

Estate totalmente presente en el presente, porque ahí, y no en el futuro, es donde se encuentra la alegría de su Presencia.

Escucha con atención, ya que la música está sonando justo

ahora y papá Dios quiere que bailes con él, como si nadie más os estuviera mirando.

No esperes a la siguiente canción, baila mientras la música está sonando.

Incluso aunque esté lloviendo en la ciudad.

Porque la vida no se trata de esperar a que pasen las tormentas, sino de aprender a bailar con Dios bajo la lluvia.

☐ **Ahora Tú**×

Cierra la puerta de tu habitación.
Pon la música que te gusta.
Y baila con Dios, mientras la
canción está sonando.

SÉ QUE TE PUEDE PARECER EXTRAÑO, PERO HAZLO.

¿QUÉ CANCIÓN BAILASTE?

DESPUÉS, ESCRIBE AQUÍ CÓMO TE HAS SENTIDO.

♥ *INCEN(DIARIO)*

UNA ⏸ PAUSA

respira 3-3-6

> «Dios formó al hombre del polvo de la tierra, y sopló
> en su nariz aliento de vida, y fue el hombre un ser viviente».
> (Génesis 2:7, NBLA)

El poema de la creación que se encuentra en el primer libro de la Biblia concluye con una preciosa imagen de Dios creando al ser humano, como si fuera un artista modelando su obra maestra. Cuando Dios creó la luz, simplemente dijo «sea la luz», y la luz vino a la existencia por el poder de la palabra divina. El espacio, el tiempo y la materia fueron producto de una orden de su boca, incluso los ecosistemas vegetales y animales fueron creados a través de una simple declaración. La mente divina lo pensó y lo hizo existir nombrándolo, con el poder de la palabra de Dios.

Sin embargo, cuando Dios creó al ser humano, se involucró de una manera especial en su diseño. No lo dijo, lo hizo. Metió su mano en el polvo de la tierra y modeló nuestro cuerpo con detalle, como un artista modela su obra. Me gusta pensar que se manchó las manos al crearnos a nosotros, como un alfarero se mancha cuando da forma al barro sobre el torno.

SOMOS ARTE DIVINO.

Sin embargo, aunque nuestro cuerpo proviene del polvo, aunque seamos materia y estemos hechos de átomos, dentro de nosotros encontramos un anhelo que no puede ser satisfecho con nada hecho del polvo. Deseamos algo que está más allá de los átomos, más allá del espacio, del tiempo y la materia. Porque no solo somos polvo, también somos espíritu.

Dios mismo sopló su aliento de vida dentro de ese trozo de barro y puso dentro su espíritu. Cuando el Creador respiró sobre nosotros, cuando sopló su vida a través de nuestra nariz, no solo activó la respiración de nuestros pulmones, sino que además activó nuestra respiración espiritual. Esto somos: polvo y espíritu. Pero se nos olvida.

Me fascina pensar en que Dios creó la vida en el cosmos con una palabra de su boca, pero a nosotros nos dio vida con un beso de su boca. Somos un precioso trozo de barro que fue besado por Dios. Somos átomos que contienen una parte de Dios mismo. La divinidad depositó una parte de sí misma en nosotros, la cual anhela desesperadamente reconectarse con Dios. De esa manera fuimos creados, para estar conectados con la tierra, pero también con la divinidad.

Sin embargo, gastamos nuestra vida sobre este mundo intentando satisfacer nuestro anhelo interior solo con objetos hechos del polvo:

POSEER COSAS.

DECORAR NUESTRO CUERPO CON ORO Y PIEDRECITAS QUE BRILLAN.

Llenar nuestro estómago con comida y sentir placer en alguna terminación nerviosa de nuestra piel.

Y, después de gastar nuestra vida para tener todo eso que está hecho de polvo, nos seguimos sintiendo vacíos por dentro, porque el anhelo que sientes en tu alma tiene la forma de Dios y solo puede ser saciado con él. Así de claro. Pero, que fácilmente lo olvidamos, obsesionándonos con el polvo y descuidando el espíritu.

Ahora, haz este ejercicio de respiración consciente para recordar que eres polvo y espíritu, para recordar a tu alma que necesita conectarse con Dios tanto como tu cuerpo necesita respirar.

- Céntrate en tu respiración durante 7 minutos y piensa en Dios mientras lo haces.
- Inspira profundo por 3 segundos.
- Mantén el aire dentro de tus pulmones otros 3 segundos.
- Espira lentamente durante 6 segundos.
- Siente el vacío en tus pulmones por un instante más.
- Repite.

Algunas recomendaciones para hacer el ejercicio:

- Busca un lugar tranquilo y siéntate cómodamente con la espalda recta.
- Hazlo en silencio, con los ojos cerrados.
- Puedes ponerte una alarma para calcular los 7 minutos de respiración consciente.
- Al principio, puedes contar los segundos en tu mente para aprender el ritmo (3-3-6).
- Lo más seguro es que tu mente intente ir detrás de otros pensamientos ansiosos, pero, tranquilo, tráela de vuelta a Dios y a la respiración las veces que haga falta.

Haz esta oración para comenzar:

DIOS AYÚDAME A ESTAR PRESENTE . Y A SER CONSCIENTE DE TU PRESENCIA.

EVALÚA EL DESAFÍO INCENDIARIO DE LA SEMANA

¿HAS LUCHADO POR TU CONEXIÓN CON DIOS?

0 ⌇━━━━━━━━━━━━━━━━━━━⌇ 10

DE 1 A 10 MIDE TU IMPLICACIÓN EN EL DESAFÍO.

ESCRIBE LAS TRES PALABRAS QUE VENGAN A TU MENTE, CUANDO PIENSAS EN LO QUE HAS VIVIDO.

¿CUÁLES HAN SIDO TUS TRES DISTRACTORES MÁS FRECUENTES ESTA SEMANA? ESAS COSAS QUE ROBAN TÚ ATENCIÓN DURANTE DEMASIADO TIEMPO Y QUE TE DIFICULTAN MANTENERTE CONECTADO CON DIOS.

¿QUÉ HAS APRENDIDO CON ESTA EXPERIENCIA?

¿CÓMO PODRÍAS HACERLO MEJOR LA PRÓXIMA VEZ?

#2 Desafío INCENDIARIO
Crea tu Lugar Secreto.

Si te dijese que hay un lugar en el que Dios siempre está y donde puedes encontrarte con él cara a cara, ¿irías a su encuentro?

Si tu alma ha respondido «Sí» con entusiasmo, probablemente te preguntes cómo llegar a ese lugar, a dónde debes viajar, cuánto te costará o cuán difícil sea encontrarlo en el mapa. Seguramente, te preguntes cuál es la puerta que debes abrir para llegar a ese lugar de encuentro con Dios; sin embargo, Jesús nos reveló que para llegar allí no hay que abrir una puerta, hay que cerrarla.

> «Mas tú, cuando ores, entra en tu aposento, y cerrada la puerta, ora a tu Padre que está en secreto; y tu Padre que ve en lo secreto te recompensará en público».
> (Mateo 6:6)

Cuando entras en tu habitación y cierras la puerta con la intención de encontrarte con Dios, abres el portal espiritual a la presencia misma del Padre celestial. Al cerrar la puerta de tu habitación, abres la puerta de acceso al trono de Dios. ¿Te parece demasiado bueno para ser verdad? No lo digo yo, lo dice Jesús.

A este lugar de encuentro, Jesús lo llamó el «lugar secreto». Pero, por favor, no te preocupes si tu habitación solo tiene una cortina o simplemente es un lugar sin puerta, porque, en realidad, «cerrar la puerta» significa crear un espacio íntimo para el encuentro entre Dios y tú, un lugar secreto donde solo el Padre te ve. Jesús mismo afirma que el Padre no se resiste ante tal invitación. Por lo que, si creas un lugar secreto para el encuentro íntimo con él, su presencia está garantizada.

SIENTAS O NO SU PRESENCIA, EL PADRE ESTÁ ALLÍ CONTIGO, PORQUE JESÚS LO DIJO.

Por esa razón, el desafío incendiario de esta semana es que crees «tu lugar secreto» para el encuentro con Dios.

¿CÓMO LO HARÁS?

Debes ser intencional eligiendo un lugar donde puedas tener intimidad con Dios, donde nadie más pueda verte. Tu habitación será una de las mejores opciones. Pero, para hacerlo especial, prepara un espacio concreto para el encuentro. Pon una alfombra con cojines en el suelo, decora una mesa con velas, empapela una esquina del cuarto con versículos que te inspiren o coloca una silla mirando a la ventana. Lo que quieras. En realidad, tú eliges cómo crear tu lugar secreto. Lo importante es que seas intencional al crearlo.

Una vez lo hayas creado, te desafío a que lo frecuentes durante la semana y hables con Dios en ese lugar que has creado para él y para ti. Este siempre ha sido y será el secreto de la amistad con Dios: encontrarse con él en tu lugar secreto.

Día 8 //

El Inconsciente, el Temeroso y el loco

A Jesús le encantaba hacer esto, era como una especie de desafío para sus discípulos. Contaba pequeñas historias, aparentemente, sobre asuntos cotidianos, pero que escondían en ellas los secretos del reino de Dios. Estos microrelatos los conocemos como parábolas, y Jesús ocultaba en ellos preciosas revelaciones reservadas para los buscadores más persistentes, aquellos que no solo escuchan la historia, sino que se meten dentro de ella para descubrir los misterios eternos. La historia que se esconde detrás de la historia.

Una noche, cuando Jesús estaba a solas con sus discípulos, les susurró esta parábola.

> «El reino de los cielos es semejante a un tesoro escondido en un campo,
> el cual un hombre halla, y lo esconde de nuevo; y gozoso por ello va y vende
> todo lo que tiene, y compra aquel campo».
> (Mateo 13:44)

Deseo compartir contigo la historia que se esconde detrás de la historia, la cual se relata en esta parábola y que puede pasar tan inadvertida para el lector impaciente como el tesoro escondido debajo del césped de aquel campo.

PRESTA ATENCIÓN, POR FAVOR.
ES FASCINANTE Y A LA VEZ INCÓMODO CUANDO LO DESCUBRES.

Aunque la parábola parece la historia de un solo hombre, un buscador de tesoros que hizo el descubrimiento más grande de su vida, en realidad es la historia de tres hombres diferentes. Detrás de la historia del buscador de tesoros, se esconde la historia de dos hombres más.

La historia de un inconsciente, que tenía en propiedad un campo en el cual se ocultaba un tesoro extraordinariamente valioso y no lo sabía. No lo podemos afirmar con certeza, pero es posible que este hombre menospreciase aquel campo tratándolo como simple pasto para alimentar animales o como un huerto para sembrar patatas. Al verlo, pudo menospreciarlo muchas veces por no estar ubicado en la mejor zona de la ciudad, allí donde podría haber construido unos apartamentos y haberlos puesto en alquiler. Quizá vivía con estrechez económica y por eso decidió poner en venta aquel campo aparentemente improductivo, para poder salir adelante invirtiendo el dinero en algún negocio más rentable. Lo triste de esta historia es que aquel hombre ya era rico y no lo sabía. Tenía oculto en su campo un tesoro que podría haber transformado su vida para siempre, pero no tenía ni idea. Siendo el poseedor de una riqueza impresionante vivía como un necesitado.

También es la historia de un temeroso, que un día tuvo en propiedad aquel tesoro y, en vez de hacerse responsable de administrarlo bien, decidió ocultarlo en un campo. Tampoco lo sabemos con certeza, pero es posible que el hombre decidiese esconder el tesoro por sentir algún tipo de miedo. La pregunta sería: ¿miedo a qué? No me atrevo a afirmarlo, pero a lo largo de mi vida he descubierto que aquellos que poseen algo tremendamente valioso tienen que cargar sobre sus almas un gran peso. Es decir, con el tesoro viene añadida una presión. Una presión incómoda, la responsabilidad de administrarlo bien o nuevos peligros por ser objeto de envidia o de cierta crítica social de aquellos que te juzgan por poseerlo. Muchos no pueden soportar ese peso sobre sus almas y prefieren dejar de ser excepcionales. Optan por ser comunes y corrientes, disfrutar de la tranquilidad de una vida que no destaque y que no los presione. Una vida como la de todos, fácil de sobrellevar. Este hombre escondió el tesoro y lo abandonó en un campo, pasaron los años y nunca más regresó a tomarlo, incluso es posible que olvidase la ubicación. Habiendo sido rico, nunca lo disfrutó porque no quiso asumir la presión de poseer algo tan especial.

Y, finalmente, es la historia de un loco. Digo loco porque probablemente es así como lo consideraban todos a su alrededor, como un loco que dedicaba su vida a buscar tesoros escondidos, mientras los demás hacían cosas aparentemente más coherentes con sus vidas. Ese buscador de tesoros incomprendido por los que se creían muy cuerdos, estigmatizado por su pasión, que dedicaba su tiempo y energía a subir a lo alto de las montañas, a explorar en lo oscuro de las cuevas, a bucear en lo profundo de los mares y a cavar incontables hoyos en los campos en busca de algo más, algo que no se encuentra en los escaparates de la ciudad. Algo único.

Algunos lo llamarían fanático, muchos, desequilibrado e incluso algunos dirían de él con condescendencia que estaba enfermo; «pobre hombre, está desperdiciando su vida». Lo sentenciarían incluso sus familiares. Pero ¿acaso pueden comprender aquellos que se conforman con lo completamente usual de la vida el fuego que arde detrás de los ojos de un buscador de tesoros? ¿Podrán entender aquellos que se conforman con lo ordinario lo que impulsa a un buscador de lo extraordinario?

Ahora imagina a ese loco.
Imagínalo cavando aquel hoyo.
Imagínalo golpeando con su pala algo que parecía una caja de madera.
Imagínalo con su corazón palpitando tan fuerte que casi se le sale del pecho al ver el cofre.
Imagínalo contemplando el tesoro por el cual había estado explorando toda su vida.

Entonces, Jesús dice que ese loco hace lo más coherente que puede hacer alguien que encuentra un tesoro así, lo esconde nuevamente y, sin decírselo a nadie, vende todas sus propiedades ante la mirada atónita de sus familiares, que, con ese acto, se confirman a sí mismos que ha perdido completamente la cabeza.

Puede ser que alguno de sus amigos de la infancia intentase detenerlo en su locura, diciéndole:

«¿No te das cuenta de que ese campo que estás comprando no es más que pasto para animales y un huerto de patatas? Vender tu casa para comprar ese campo es de tontos».

Y el loco, mirando a su amigo con los ojos del que ha visto aquello que da sentido a todo su dolor, su sudor y sus lágrimas, le dice:

«CRÉEME, HA MERECIDO LA PENA».

Jesús termina diciendo que, con alegría, compró aquel campo y poseyó el tesoro.

Al descubrir las historias escondidas en esta parábola, la pregunta que debemos hacernos es: ¿quién de los tres soy yo? ¿El inconsciente, el temeroso o el loco?

Tengo la convicción de que el Espíritu Santo es el tesoro del que Jesús habla en esta parábola. No puedo pensar que exista un tesoro más grande que esté accesible para los seres humanos que este: el Espíritu Santo.

También creo que los tres hombres de esta parábola representan a tres tipos de cristianos y a su relación con el Espíritu Santo, por lo que la pregunta que debes responder es: ¿quién de los tres soy yo?

Podrías ser el cristiano inconsciente de la presencia del Espíritu Santo en su vida, que, poseyendo la mayor riqueza espiritual, vive ajeno a ella. Aquel que teniendo al Espíritu Santo vive como si no lo tuviera. Me refiero a ese cristiano que cree que la vida cristiana se trata de aprender versículos, cumplir un reglamento y esforzarse por ser buena persona, pero al que nadie le explicó que tiene al Espíritu de Dios escondido dentro de su ser y que puede relacionarse con él. Nadie le dijo que puede hablar con él, aprender con él y colaborar con él en sus propósitos divinos. Simplemente, no lo sabe. Que triste es poseer la fuente inagotable del poder, de la revelación y las virtudes, y, aun así, vivir sediento. Y así viven su vida muchos cristianos fieles, perdiéndose la oportunidad de cultivar una relación de amistad con el Espíritu Santo e inconscientes del potencial sobrenatural que vive en ellos.

También podrías ser el cristiano temeroso, que sabe que puede cultivar una relación significativa con el Espíritu Santo, pero que tiene miedo al compromiso. Aquel que no es inconsciente de la oportunidad que se le otorga, pero que no quiere soportar el peso de una disciplina de oración y estudio de las Escrituras, que no quiere batallar con violencia en contra de su propio pecado y que, por supuesto, no quiere que nadie lo considere rarito, místico o desequilibrado. Aquel que se justifica, diciéndose: «No hace falta exagerar las cosas. Es mejor no incomodar a nadie con demasiada

euforia espiritual». Huye de la presión de una relación profunda con el Espíritu Santo y prefiere un contacto superficial. Como la mayoría de los otros cristianos. Simplemente, tiene miedo a vivir de manera extraordinaria y prefiere seguir la senda ordinaria de los que viven tranquilitos. Entonces, esconde al Espíritu Santo bajo un montón de argumentos religiosos y se convierte en un punto más en su doctrina. Dejándolo en el olvido.

O QUIZÁS SEAS EL LOCO.

Ten en cuenta que, en un mundo de extrema pereza espiritual, un poco de pasión por el Espíritu Santo se interpreta como fanatismo. Quizá por eso tus hermanos te tratan como un loco. Porque eres como aquel buscador, ya sabes, aquel que a pesar de la incomprensión de sus amigos y familiares ha decidido ser un buscador del Espíritu Santo. Ese que está convencido de que hay más de Dios reservado para aquellos que lo buscan desesperadamente, que lo persiguen con una santa obsesión.

AQUEL QUE NO SE CONFORMA CON LEER HISTORIAS DE LO QUE OTROS EXPERIMENTARON CON DIOS, SINO QUE QUIERE ESCRIBIR SU PROPIA HISTORIA CON DIOS.

un loco que BUSCA BUSCA BUSCA

Ten en consideración, si eres de esta clase de cristianos, que la mayoría a tu alrededor adoptará objetivos «cuerdos» en su vida, basados en satisfacer sus necesidades de bienestar o en satisfacer las expectativas sociales, pero el Espíritu Santo espera ser el objetivo «irracional» de algún loco. De alguien que esté dispuesto a vender todo aquello por lo que la mayoría vive por acumular —como placer, posición, comodidad, pertenencias o aprobación humana— para ganarle a él.

Al contar esa parábola, Jesús sabía que para la mayoría pasaría inadvertida, pero que para algunos locos y para algunas locas se convertiría en su manifiesto.

☐ *Ahora tú.*

Si eres de los que no te conformas con leer las historias de lo que otros experimentaron con Dios y deseas escribir tu propia historia con Dios.

¿CUÁLES SERÍAN LOS TÍTULOS DE LOS LIBROS DE VUESTRAS VIVENCIAS?

Día 9 //

Cara a cara

«Y hablaba Jehová a Moisés cara a cara, como habla cualquiera a su amigo».
(Éxodo 33:11)

Entre todos los pasajes de la Biblia, probablemente el pasaje que acabas de leer sea uno de los que más me provocan. Mueve algo dentro de mis entrañas. No sé cómo explicarlo, pero despierta en mí una insatisfacción santa, me hace anhelar algo más profundo con Dios, algo como lo que tenía Moisés con él. No me puedo quitar de la cabeza esta afirmación:

> «Moisés hablaba
> cara a cara con Dios,
> como quien habla
> con su amigo».

En el lenguaje hebreo, la «cara» representa el reflejo del ser interior. Es parecido en nuestra cultura occidental. ¿Has escuchado alguna vez el refrán que dice «la cara es el reflejo del alma»? Pues es la misma idea. Cuando el autor del libro de Éxodo escribió que Moisés hablaba cara a cara con Dios, pretendía hacernos entender que Moisés tenía un profundo nivel de intimidad con Dios, quería transmitirnos que Dios daba acceso a Moisés a las profundidades de su corazón, a sus pensamientos, emociones e intenciones más íntimas. En esencia, quería afirmar que eran amigos. Pero de verdad, de los que comparten experiencias y se disfrutan.

De hecho, la Biblia dice que Dios «dio a conocer su carácter a Moisés y sus obras al pueblo de Israel» [Salmos 103:7, NTV].

¿Entiendes la diferencia? El pueblo de Israel conoció la mano poderosa de Dios, haciendo milagros a su favor, desplegando las diez plagas sobre sus enemigos, abriendo el mar en dos para que pasasen en seco, haciendo caer maná del cielo y salir agua de una roca; es decir, el pueblo conoció la mano de Dios, pero Moisés conoció su corazón. Dios le mostraba al pueblo lo que hacía, pero a Moisés le mostraba quién era, desnudaba su corazón delante de él, le revelaba su carácter.

¡¿PUEDES IMAGINÁRTELO?!

El CORAZÓN DEL ETERNO EXPUESTO DELANTE DEL MORTAL.

Tengo que admitir que esa afirmación me pone un poco celoso, porque no quiero conformarme solo con ver su mano actuando. Deseo penetrar en las profundidades de su corazón y conocerlo.

Los que me conocen saben que trabajo con ahínco en la extensión del reino de Dios, soy incansable y tengo un alto sentido de la responsabilidad con la tarea que me ha sido encomendada. Por esa razón, por mi inclinación hacia la tarea, probablemente lo más desconcertante que le he escuchado decir a Dios es: «Itiel, yo deseo tu amistad más de lo que deseo tu servicio».

Por cómo está cableada mi cabeza, mi tendencia es a creer que lo más importante en la vida cristiana es hacer algo para Dios, demostrarle mi rendimiento, estar ocupado produciendo, produciendo y produciendo. Así tiendo a pensar, casi inconscientemente. Por lo que, cada vez que Jesús me dice que él murió en la cruz para ganarme como amigo y no como empleado, experimento un cortocircuito. Y lo incómodo para mí es tener que admitir que trabajar para Dios no es sinónimo de ser amigo de Dios. No lo es.

¡Piénsalo! Tú podrías trabajar en una empresa gigantesca y dedicar tus mejores esfuerzos a servir a sus objetivos de mercado. Podrías estar tan dedicado a la empresa, que estudiases su historia y leyeses la biografía del presidente. Incluso, podrías convertirte en el trabajador del año por tu alto rendimiento y productividad. Pero eso no significaría que, si el presidente y tú coincidieseis en el ascensor, él te abrazara con cariño y te empezara a contar cómo se siente. Tampoco te invitaría a una cena familiar, ni te confesaría sus anhelos más íntimos. Eres su trabajador, pero no eres su amigo. Leíste su biografía, trabajas en su empresa, estás bajo su autoridad y recibes un salario de su bolsillo, pero eso no te garantiza una amistad con él.

PUEDE PASARTE EXACTAMENTE LO MISMO CON DIOS.

Y ¿SABES CUÁL ES LA DIFERENCIA ENTRE SER UN EMPLEADO O UN AMIGO?

el Nivel de Acceso al Corazón que se te Concede

Jesús se lo explicó a sus discípulos más cercanos con unas palabras que quedaron registradas en el Evangelio:

«Ya no os llamaré siervos, porque el siervo no sabe lo que hace su señor; pero os he llamado amigos, porque todas las cosas que oí de mi Padre, os las he dado a conocer».
(Juan 15:15)

En esto radica la diferencia, en lo que uno y otro puede conocer del corazón de Dios. Por eso, Jesús les insistió a ellos y nos insiste a nosotros en que él desea transicionar nuestra relación de «siervos» a «amigos», porque a los amigos se les da a conocer secretos que los siervos no pueden conocer.

Mientras el siervo está orientado a la actividad, el amigo está orientado a la intimidad.

Mientras el siervo se pregunta, «¿qué tarea me ha ordenado hacer mi amo?», el amigo se pregunta, «¿cómo es la personalidad de mi amigo? ¿qué le mueve? y ¿por qué hace lo que hace?».

Mientras el siervo conoce la lista de tareas, el amigo conoce los pensamientos, las emociones y las intenciones de su amigo.

Es decir, la diferencia radica en el nivel de acceso a su corazón, y parece que Dios nos insiste una y otra vez en su deseo de que entremos más profundo. Dios anhela intimidad con alguien.

¿Esto no te impresiona? Dios, aquel que está rodeado por la compañía de millones y millones de ángeles que le sirven sin descanso, anhela la compañía de un amigo, de una amiga, al cual le pueda revelar los secretos de su corazón y decirle: «Este es quien yo soy».

De hecho, parece que Dios tiene muchos siervos, buenos siervos, siervos trabajadores, pero no tiene tantos amigos. Por esa razón, en tantas ocasiones, le he escuchado decir, casi como si me estuviera rogando: «Itiel, haces muchas cosas para mí, pero yo deseo que estés conmigo». Créeme, demasiadas veces he sido como aquella mujer llamada Marta que se describe en el Evangelio, afanada con muchas tareas, intentado ser productiva, haciendo sándwiches para Jesús que él no me ha pedido, cuando lo que él deseaba es que fuese como su hermana María, sentada a sus pies, cultivando una relación de intimidad con él. (Puedes leer este episodio del Evangelio en Lucas 10:38-42).

Por favor, no me malinterpretes, servir a Dios es nuestra responsabilidad, pero cuidado porque es posible sacrificar la intimidad sobre el altar de la actividad, es posible pasarse la vida entera sirviendo a la causa del reino, pero tener tu corazón a kilómetros de distancia del Rey, es posible hacer cosas para Dios y perderte... a Dios.

Que Dios hablase cara a cara con Moisés antes de la cruz es un desafío para todos los que vivimos después de la cruz, porque el Evangelio es muy enfático con esto: aquellos que vivimos en la era de la Iglesia del Nuevo Testamento estamos en una mejor posición delante de Dios de lo que jamás estuvo el pueblo de Israel del Antiguo Testamento. Tenemos un camino abierto a Dios a través de las llagas de Cristo. Esa sangre derramada en la cruz a nuestro favor nos da un derecho de acceso a la presencia de Dios que tristemente olvidamos. Así de claro, así de provocador.

Es muy común que algunos, al leer las historias de hombres como Moisés, piensen: «Dios tiene algunos favoritos con los cuales tiene una relación especial».

PERO, QUERIDO LECTOR, DIOS NO TIENE FAVORITOS DIOS tiene ÍNTIMOS.

¿Tú le revelarías los secretos de tu corazón a un simple compañero de trabajo? Seguro que no. ¿Por qué? Porque un acceso tan profundo al corazón implica intimidad y la intimidad es la recompensa de haber cultivado una amistad. Y toda amistad, para crecer, requiere lo mismo: tiempo, interés, lealtad y sacrificio, entre otras cosas que puedes imaginar si realmente sabes lo que es una amistad. Entonces, si tú no le revelarías tus secretos a cualquiera, ¿qué te hace pensar que Dios sí debe hacerlo? No es una cuestión de favoritismo, sino de intimidad. Dios se reserva cosas para sus amigos.

Sin embargo, Dios nos invita a todos, sin restricciones, a ser íntimos:

«Buscad mi rostro».
(Salmos 27:8)

ESTE ES EL CLAMOR DIVINO:
«CONÓCEME. MÁS ALLÁ DE LAS BENDICIONES DE MI MANO, SE ENCUENTRAN LOS MISTERIOS DE MI CORAZÓN.

Vamos, busca mi rostro.
Ven más profundo.

Quiero terminar estas líneas haciendo una aclaración necesaria. Cuando la Biblia, versículo tras versículo, nos invita a conocer a Dios, hay que entender que la palabra «conocer», en el lenguaje hebreo, tiene un significado más amplio del que tiene en español.

Cuando se habla de conocer, en la mentalidad occidental, se hace referencia a la asimilación intelectual de algo; es decir, conocemos cuando hemos metido la suficiente información sobre algo o alguien en nuestra cabeza. Sin embargo, cuando se habla de conocer en la mentalidad hebrea, se hace referencia a la experimentación de algo; es decir, conocemos cuando hemos tenido una experiencia con algo o alguien.

La palabra «conocer» en nuestras Biblias se traduce de la palabra *Yada* en hebreo. Es fascinante que esta sea la misma palabra que se utiliza en Génesis 4:1, cuando se dice que «Adán conoció a Eva y engendraron hijos». Obviamente, esto se refiere a algo más que al mero hecho de que Adán acumulara información acerca de Eva, se refiere a Adán fundiéndose con Eva en un encuentro de amor, en una experiencia de contacto. Por lo tanto, *Yada* hace referencia a un tipo de conocimiento íntimo como el que un esposo experimenta con su esposa, cuando se une a ella en el acto del amor. Dibuja en nuestra mente la imagen de un encuentro al desnudo, evoca una relación donde alguien es completamente conocido, donde se deja ver, donde se hace vulnerable. No es un conocimiento de biblioteca.

Y este es el tipo de conocimiento al que Dios nos está invitando. Aunque te incomode la imagen que se dibuja en tu mente. Dios no espera que acumules información de quién es él, sino que quiere que le experimentes cara a cara, a corazón abierto, al desnudo.

Dámaris y yo somos esposos, pero además somos mejores amigos. No hay nada mejor que casarte con tu mejor amiga y que sientas pasión por ella. Muchos pueden afirmar que conocen a Dámaris porque saben cómo es el tono de su voz, distinguen los rasgos más obvios de su personalidad o han descubierto alguno de sus gustos gastronómicos, pero nadie en este mundo la conoce como yo la conozco. Yo la he experimentado, he entrado dentro de ella, he traspasado su piel, he buceado en las profundidades de su alma. Y, créeme, cuando veo un gesto en su rostro, es como si viese su corazón, porque he aprendido a interpretarlos. Sé lo que piensa, sé lo que siente y sé lo que desea solo al mirar sus ojos, sin necesidad de palabras. He aprendido a interpretar el lenguaje de su mirada, que es exclusivo de aquellos que tienen intimidad.

LA CONOZCO.

Y ESE CONOCIMIENTO ME DA INFLUENCIA EN SU CORAZÓN.

Los amigos influencian el corazón de sus amigos. Por eso, la Biblia describe algunos momentos sorprendentes, cuando Dios estaba airado con Israel, a punto de destruirlos a causa de su rebelión, y Moisés le hizo cambiar de idea, a través de una conversación.

¿¡Cómo!? Como lo lees. Dios cambió de opinión varias veces, después de una conversación con su amigo Moisés. Sé que esto que acabo de decir prende tus alertas antiherejía en tu cabecita. Me pasa lo mismo cada vez que leo esos pasajes de la Biblia, pero están ahí. Por eso, te dejaré a ti mismo que te pelees con esos textos de las Escrituras, donde parece que Dios toma en cuenta la opinión de sus amigos y altera sus planes, después de conversar con ellos.

Te imaginas a DIOS pidiéndote opinión Acerca de los PLANES para tu Ciudad?

AHÍ LO DEJO, LUCHA CON ELLO.

Créeme, la mayor promoción que Dios puede hacerte es llamarte su amigo. ¿Qué puede haber más elevado que esto?

La mayoría de los cristianos están obsesionados con la idea de convertirse en grandes siervos de Dios, grandes predicadores, influyentes teólogos o renombrados líderes del reino de Dios. Pero, querido lector, llegará el momento en el que los siervos ya no serán necesarios, ese momento en el que no harán falta más predicadores, ni teólogos, ni líderes. Ese momento en el que lo temporal será removido y solo permanecerá lo eterno. Ese momento en el que los siervos llegarán a su fin y los amigos de Dios heredarán el universo. Créeme, llegará ese momento en el que todos nos daremos cuenta de que la tarea más importante siempre fue y siempre será conocer a Dios y disfrutarle.

Cultivar una amistad implica pasar tiempo conociendo a la otra persona. La semana pasada, te propuse hacer el ejercicio de la silla vacía, ¿lo recuerdas?

Ahora, es el momento de repetir el ejercicio, pero, esta vez, preguntándole a Dios cómo es su corazón y escuchando sus respuestas.

Vuelve a sentarte en una silla y pon otra silla «vacía» frente a ti, considerando que el Espíritu de Dios está sentado frente a ti, cara a cara.

PREGÚNTALE A DIOS Y ANOTA LO QUE CREES ESCUCHAR:

¿QUÉ TE HACE FELIZ?

¿QUÉ TE CAUSA DOLOR?

¿QUÉ ES IMPORTANTE PARA TI?

¿Subes o te quedas Abajo?

«Viendo el pueblo que Moisés tardaba en descender del monte, se acercaron entonces a Aarón, y le dijeron: Levántate, haznos dioses que vayan delante de nosotros; porque a este Moisés, el varón que nos sacó de la tierra de Egipto, no sabemos qué le haya acontecido [...] Entonces todo el pueblo apartó los zarcillos de oro que tenían en sus orejas, y los trajeron a Aarón; y él los tomó de las manos de ellos, y le dio forma con buril, e hizo de ello un becerro de fundición. Entonces dijeron: Israel, estos son tus dioses, que te sacaron de la tierra de Egipto».
(Éxodo 32:1, 3-4)

Para que tengas el contexto completo de lo que voy a relatarte en las siguientes líneas, te invito a que leas los capítulos 32 y 33 del libro de Éxodo. Merece la pena hacer el esfuerzo, te lo prometo.

En este pequeño fragmento del texto bíblico, se exponen dos maneras de actuar que contrastan escandalosamente, dos caminos que representan la elección que todo cristiano debe tomar respecto a su relación con Dios: subir a la montaña o quedarse abajo.

La primera, representada por Moisés, nos desafía a subir a lo alto de la montaña para conocer quién es realmente Dios, y la segunda, representada por el pueblo, nos advierte de las consecuencias de quedarse abajo y terminar inventando un dios a nuestra manera.

DOS CAMINOS. DOS ELECCIONES. DOS EFECTOS.

Creo que Dios nos está invitando a elegir uno de esos dos caminos y asumir las consecuencias de nuestra elección. ¿Subes a la montaña o te quedas abajo? ¿Tomas la mochila y emprendes un viaje difícil, disciplinado y peligroso para subir a la montaña del conocimiento de Dios, o te quedas abajo, acomodado en el campamento, y terminas diseñando una imagen de Dios falsa?

Presta atención a esto. Mientras Moisés estaba en lo alto de la montaña, descubriendo quién era realmente Dios, abajo, el pueblo decidió fabricar una imagen de oro con forma de becerro. En este punto, es donde muchos de los lectores de la Biblia, por no prestar suficiente atención, se pierden el impacto de lo que estaba ocurriendo abajo. En una lectura superficial, parecería que el pueblo, al fabricar el becerro de oro, estaba rechazando al Dios verdadero para rendir adoración a otro dios pagano. Pero no, eso no es lo que estaba ocurriendo realmente. El pueblo no rechazó al «Dios que los sacó de Egipto», sino que intentó darle una forma, quiso modelarlo para hacerlo tangible o, simplemente, asumible. Entonces, al no saber quién era realmente aquel Dios que había desatado las diez plagas, había abierto el mar en dos y los había alimentado con maná sobrenatural, pensaron que la mejor idea era fabricar una imagen de él, usando sus propios conceptos, ideas y patrones mentales. Es decir, fabricaron una imagen de Dios desde la oscuridad de sus mentes. En resumen, se lo inventaron. Y lo mejor que se les ocurrió fue esto: «Dios debe ser una especie de ternero, con cuatro patas, dos cuernos y un rabo».

¡QUE GRAN diOS! ¡OH!

Insisto con esto porque me parece gravísimo, peor que rechazar al Dios verdadero para ir detrás de otros dioses falsos. Si te fijas con atención, en ningún momento el pueblo afirma que aquel becerro representaba a otro dios, todo lo contrario. Para ellos, aquel becerro era el dios que los había liberado. De hecho, al terminar de fabricar el ídolo de oro, organizaron una fiesta en su honor y declararon abiertamente que aquel becerro era el dios que los había sacado de la esclavitud en Egipto. Llamaron al becerro Señor.

Y esto es lo realmente grave del asunto: que, hoy en día, seguimos haciendo lo mismo. Ellos, al no saber cómo era Dios, eligieron la forma de un becerro para representarlo, porque así eran las imágenes de los dioses que conocieron en Egipto. Todos ellos tenían forma de animales, y, para colmo, fundieron el oro de los zarcillos que se trajeron de Egipto para modelar la imagen. Fabricaron un Dios con los patrones y el oro de Egipto, construyeron una imagen de Dios desde la oscuridad de una mente profundamente condicionada por el lugar de su cautiverio. ¿Y nosotros? ¿No somos tentados a hacer lo mismo? Te sorprendería la cantidad de personas que modelan a Dios desde la oscuridad de una mente que todavía sigue cautiva en su propio Egipto.

Inventarnos a Dios. DARLE UNA FORMA ACEPTABLE PARA NUESTRA Mente

Que encaje con nuestras ideas políticas, con nuestra cultura racial, con nuestros deseos egoístas o con nuestros razonamientos científicos.

Un dios según Hollywood o según algún líder religioso, filtrado por nuestros miedos o condicionado por nuestros traumas o para satisfacer nuestra ambición.

Sobre todo, que no nos incomode y que no escandalice a los vecinos. Que sea nuestra excusa para odiar al diferente y castigarlo en su nombre. A nuestra propia imagen y a nuestra propia semejanza caída.

ESA ES LA CONSECUENCIA DE QUEDARSE ABAJO. INVENTARTE A TU PROPIO DIOS.

Léeme con atención, por favor. Creo, sinceramente, que el gran peligro para la Iglesia de hoy no es abandonar la adoración al Dios cristiano para adorar a otros dioses paganos, sino adorar una imagen de Dios diseñada en la oscuridad de nuestras mentes. El peligro es construir una imagen falsa de Dios y adorarla como si fuese el Dios verdadero. Imágenes distorsionadas, parciales e incompletas de Dios, y decir que esas imágenes son el Dios cristiano. En definitiva, hacer nuestro propio becerro de oro y llamarlo Señor.

He conocido algunas iglesias donde adoran a un dios que se parece a *Santa Claus*, siempre dispuesto a conceder deseos a cambio de ofrendas; en otras, se parece a un policía cósmico, escondido detrás de alguna estrella esperando a que alguien cometa un error para castigarlo; incluso en algunas se parece al candidato político predilecto del líder, a un motivador que quiere que alcancemos nuestros sueños o a un monstruo que devora a los pecadores. He oído del dios milagrero, del obsesionado con las faldas y las corbatas, del hípster que se asegura de que tu doctrina sea inmaculada.

¡Hay tantos becerros como mentes que deciden quedarse abajo de la montaña!

Debemos ser cuidadosos con los patrones mentales de nuestro propio Egipto que nos hacen asumir «imágenes de Dios» que no representan verazmente quién es él, que no están alineadas con el Dios que se revela en las Escrituras, con el Dios que se revela en Jesús.

¿Por qué insisto tanto en esto? Porque más importante que quién crees que eres, es quién crees que es Dios.

La imagen que viene a tu mente cuando piensas en Dios condicionará tu vida dramáticamente. ¿Por qué? Porque siempre te conviertes en el reflejo del dios que adoras, del dios en el que fijas tu mirada. De hecho, es fácil descubrir la imagen del dios que adoras, observando atentamente lo que reflejas.

Por esa razón, después de que Moisés estuviera en contacto con Dios en lo alto de la montaña, su rostro resplandecía, irradiaba la Gloria de Dios.

«Y aconteció que descendiendo Moisés del monte Sinaí con las dos tablas del testimonio en su mano, al descender del monte, no sabía Moisés que la piel de su rostro resplandecía, después que hubo hablado con Dios».
(Éxodo 34:29)

Esto me hace pensar en la luz de la luna. Porque lo cierto es que la luna no emite luz propia, solo refleja la luz del sol. Sin el sol, la luna sería un pedrusco gris gigante. Si la luna es hermosa, si inspira poemas a los enamorados y alumbra a los marineros en sus noches en alta mar, es únicamente porque refleja la luz del sol; de lo contrario, sería una triste piedra.

Esto es exactamente lo que ocurre con nosotros: somos reflectores. Proyectamos la naturaleza de aquello en lo que fijamos nuestra mirada. Somos como espejos que reflejan la identidad del dios que adoramos, su bondad o su maldad, sus motivaciones y prioridades, la luz o la oscuridad de su carácter. Solo hay que prestar atención, ver lo que alguien refleja, para saber cómo es su dios. Incluso aunque no lo llame dios, su reflejo revela aquello a lo que adora, aquello a lo que rinde su vida entera.

El llamado de Dios para encontrarnos cara a cara con él en lo alto de la montaña no solo es para que le conozcamos, sino también para transformarnos a su imagen. El apóstol Pablo le reveló el secreto de la transformación espiritual a la Iglesia de Corinto y a nosotros. Nos transformamos a medida que contemplamos, «mirando a cara descubierta como en un espejo la gloria del Señor, somos transformados de gloria en gloria en la misma imagen» (2 Corintios 3:18).

Si fijas tus pensamientos en lo que no quieres ser, más te parecerás a aquello que aborreces. ¿Por qué? Porque te conviertes en el reflejo de aquello en lo que te enfocas. Sin embargo, si fijas tus pensamientos en quién es Dios y contemplas su gloria, terminarás transformándote en su imagen. No intentes brillar con una luz propia, estás diseñado para reflejar la luz de Dios. Si intentas brillar tu propia bondad, generosidad, pureza... descubrirás oscuridad en ti y te sentirás muy decepcionado. Tú eres la luna, Dios es el sol. Recuérdalo siempre. Cuando subas a la presencia de Dios y te expongas a sus poderosas fuerzas eternas, todo dentro de ti cambiará. Cuando te expongas al sol de su semblante, cuando toques la Gloria radiante que emana de su rostro divino, la radiación de su naturaleza destruirá el cáncer del pecado en tu alma como nunca podrías lograrlo por ti mismo. Créeme, el secreto de la transformación espiritual no es esforzarse en automejorarse, sino contemplarlo más a él y menos a ti mismo.

Por último, déjame hacer una aclaración. El brillo en el rostro de Moisés no era para que Moisés deslumbrase al pueblo, era para

despertar en ellos el deseo por encontrarse con Dios en lo alto de la montaña, era una invitación divina a subir y tener un encuentro cara a cara con el Eterno. Pero el pueblo prefirió quedarse abajo. En vez de subir en busca de la luz original, se conformaron con la pálida luz reflejada en el rostro de Moisés y creyeron que ese brillito era suficiente para ellos.

¿No hacen muchos lo mismo ahora? ¿Conformarse con el brillo divino que refleja su predicador favorito? ¿Vivir su relación desde abajo, conformándose con la luz que reflejan los que suben?

¡No hagas eso! ¡No te conformes con ver una pálida luz de Dios reflejada en un hombre! Si hay algo en ese hombre que te atrae, es solo por lo que refleja de Dios, y su resplandor es una invitación divina para que dejes la apatía espiritual y emprendas tu peregrinaje a lo alto de la montaña del conocimiento de Dios. No será un viaje sencillo, requerirá de una dura disciplina en la oración, el ayuno y el estudio de las Escrituras, será una travesía de años y habrá serpientes y escorpiones en el camino intentando impedir que subas arriba. Pero el clamor de Dios impulsará tu corazón, cada vez que le escuches decir con emoción: «Ven a mí».

Ahora Tú

Te transformas en aquello en lo que fijas tu mirada. Cuanto más te enfocas en algo, más te influencia y termina moldeando tus pensamientos, tus emociones y tus intenciones.

LA PREGUNTA ES: ¿En qué fijas más tu mirada durante el día?

Según algunas estadísticas, nuestra generación se expone a la pantalla de su *smartphone* una media de cuatro a cinco horas diarias. Se calcula que activamos la pantalla del dispositivo móvil unas 100 veces al día: para trabajar, entretenernos o, simplemente, como reacción involuntaria.

Lo cierto es que tus ojos no fueron diseñados para contemplar el brillo de la pantalla de tu *smartphone*, sino que fueron diseñados para contemplar el brillo del rostro de Dios. No desperdicies tu mirada en lo efímero, contempla aquello que es eterno. Y deja que te transforme.

Te propongo un ejercicio incómodo que te revelará cuántas veces al día enciendes la pantalla de tu dispositivo móvil y fijas tu mirada en ella.

Durante las próximas 24 horas, cada vez que prendas la pantalla de tu *smartphone* para cualquier cosa —ya sea para escribir un mensaje, consultar tus redes o ver la hora—, haz una marca en alguna parte, apunta el número de veces que lo haces. Mañana, cuando tengas el número exacto de veces que has activado la pantalla, regresa a esta página y haz un pequeño agujero con la punta de un lápiz por cada vez que lo hayas hecho. Agujerea toda esta página. Haz un agujero por cada vez que has fijado tu mirada en la pantalla de tu *smartphone*. Cuando lo hayas hecho, observa con atención la página agujereada, porque esos agujeros representan fugas en tu alma a través de las cuales se está drenando la pasión que le pertenece a tu Dios.

AGUJEREA ESTE CORAZÓN CADA VEZ QUE MIRES TU SMARTPHONE

CADA AGUJERO
REPRESENTA FUGAS
(QUE) DRENAN MI
Pasión POR DIOS

HAY más

«Él, entonces, dijo: Te ruego que me muestres tu gloria. Y le respondió: Yo haré pasar todo mi bien delante de tu rostro, y proclamaré el nombre de Jehová delante de ti».
(Éxodo 33:18-19)

¡Me fascina esa conversación que Moisés tuvo con Dios! Está registrada en el capítulo 33 del libro de Éxodo y creo que deberías leerla al completo. Pero, ¡cuidado! Si lo haces, puede arruinarte la vida. Lo digo en serio. Antes de leer esa conversación, yo estaba satisfecho con mi vida, con lo que había obtenido hasta ese momento, pero, después de leerla, experimenté una insatisfacción santa, me obsesioné con obtener algo más, algo que solo Dios podía darme. Hoy en día, todavía sigo obsesionado con lo mismo y el ejemplo de Moisés me desafía a contender con Dios hasta lograrlo. Oro para que te ocurra lo mismo, para que experimentes una insatisfacción que no pueda ser satisfecha con menos de lo que Moisés fue a buscar a lo alto de aquella montaña, ruego mientras escribo estas líneas para que te obsesiones.

Nunca me dejará de sorprender la manera en la que Moisés acorraló a Dios en la montaña. Ese viejito de ochenta años tenía más pasión en sus tripas de lo que he visto jamás en ningún veinteañero. Acorraló a Dios en la cumbre, le preparó una emboscada, porque quería obtener algo de él, algo que ningún hombre hasta aquel momento se había atrevido a pedir. Y Dios se dejó acorralar por Moisés. Me atrevería a decir que lo disfrutó como un enamorado, cuando es acorralado por su amante contra una pared. Ya sé que leer esto te ha puesto un poco incómodo, pero, con el tiempo, me he dado cuenta de que hay delicias en Dios de las que solo podemos beber si le presionamos lo suficiente, como cuando presionas una fruta para obtener su jugo. Hay delicias en Dios que solo se obtienen desgarrando tu corazón delante de él, mostrándole tus lágrimas y gritándole que lo quieres, desgastando tus rodillas y perdiendo la compostura. A veces, la mejor manera de convencer a Dios se da con rímel corrido y mocos en la cara. Y, ¡sí! Dios quiere que le presionemos un poco, disfruta con nuestra santa obsesión, cuando se trata de obtener de él lo que Moisés le pidió.

En esa conversación, observamos como Moisés contiende con Dios para entrar en un nivel más profundo de relación con él. Hay algo audaz en cómo Moisés negoció con Dios. Si se me permite decirlo así, diré que fue reverentemente descarado. ¿Por qué? Porque, aunque sabía que estaba en presencia del Todopoderoso, no se conformó con el primer nivel de relación que Dios le ofreció, ni siquiera con el segundo nivel, que seguramente es lo que la mayoría desearía, sino que se atrevió a pedirle acceso a un tercer nivel ¡Y Dios intentó convencerle para que desistiera de su petición! Pero no pudo.

Lo primero que Dios le ofreció fue su gracia, diciéndole: «Yo te he conocido por tu nombre, y has hallado también gracia en mis ojos» (Éxodo 33:12). Gracia es cuando eres aceptado por Dios y él escribe tu nombre en el Libro de la Vida, librándote de la muerte eterna. Gracia es cuando Dios te conoce, te llama por tu nombre y te dice «eres salvo por toda la eternidad y disfrutarás de los beneficios del cielo». Es gracia porque Dios la da sin que realmente la merezcamos, se trata de un regalo inmerecido que Dios nos da por su benevolencia. En definitiva, la gracia es salvación.

La mayoría de las personas que tienen una relación con Dios se encuentran en este nivel: en el nivel de la gracia. Dios las conoce y escribe su nombre en el Libro de la Vida, asegurándoles salvación eterna, gracias a la obra redentora de Jesús en la cruz. ¿Qué puede ser mejor que la gracia? ¿Qué puede ser mejor que ser salvado? Parecería que nada puede ser mejor que eso, pero, para Moisés, esto no era suficiente, él sabía que había más.

Y LO QUERÍA.

Entonces, Dios le ofreció algo más, le ofreció su favor, y le dijo: «Mi presencia irá contigo y te daré descanso» [Éxodo 33:14]. Favor es cuando

Dios te concede su sello de aprobación y hace que prospere todo lo que emprendas en su nombre. Favor es cuando Dios intercede por ti, para darte éxito en lo que estés realizando y te dice: «Yo estoy contigo y haré que las cosas te vayan bien». Es favor porque las personas a tu alrededor pueden percibir que Dios está interviniendo para hacerte prosperar, darte mayor influencia o tener éxito, es perceptible para todos que Dios está contigo y te patrocina. En definitiva, el favor es promoción divina.

Este es el nivel del favor y es donde se encuentran aquellas personas en el reino de Dios que consideramos referentes. Esas personas de influencia en el mundo cristiano que claramente llevan un sello de aprobación divina y parece que Dios las patrocina para que logren realizar proezas en su nombre. De hecho, muchos piensan que este es el nivel más alto de relación con Dios, ser favorecido por él, y se esfuerzan por lograr esta marca. Porque sí, a diferencia de la gracia —que se obtiene como regalo—, el favor se obtiene como recompensa por tu fidelidad, sacrificio y pureza.

PERO, ¡CUIDADO! EL FAVOR PUEDE SER LA MAYOR PRUEBA PARA NUESTRO CORAZÓN.

¿Por qué? Porque, cuando estamos ocupados administrando tanto favor, tendemos a olvidarnos del que nos ha favorecido. Entonces, abrimos más nuestra agenda de lo que abrimos nuestra Biblia, hablamos más por teléfono de lo que hablamos con Dios, pasamos más tiempo con las bendiciones que con el que nos ha bendecido. Por eso, el nivel del favor no es alcanzado por todos los creyentes, porque para sostener el favor divino se requiere un carácter maduro. Y eso es bien escaso, porque la mayoría no soporta los procesos dolorosos que moldean el carácter.

¿Qué puede ser mejor que el favor? ¿Qué puede ser mejor que ser promocionado por Dios? Parecería que nada puede ser mejor que eso, pero, para Moisés, esto no era suficiente, él sabía que había más. Un tercer nivel.

Me imagino a Moisés negociando con Dios, en aquella montaña:

—Creador omnipotente —le dijo con reverencia—. Espero que no me entiendas mal, pero yo no he subido a esta montaña para obtener

103

tu gracia, ni tampoco vengo a buscar tu favor. He venido aquí para obtener algo más de ti —añadió con cierto descaro.

—¿Qué es lo que quieres, Moisés? —le preguntó Dios.

—«Te ruego que me muestres tu gloria» [Éxodo 33:18] —le contestó Moisés, mientras inclinaba su rostro en tierra, pero sin poder ocultar la sonrisa nerviosa que se dibujaba en su cara cuando lo dijo, esa sonrisa de los que por fin revelan sus intenciones.

—¡¿Cómo?! —le preguntó Dios—. Moisés, ya te he dado mi gracia, te he prometido mi favor, pero mi gloria es demasiado —dijo contundentemente.

—Querido Dios, te doy las gracias por tu gracia, te doy las gracias por tu favor, pero no desistiré en mi petición. He subido hasta aquí arriba impulsado por un anhelo que no puede ser satisfecho con otra opción: muéstrame tu gloria —respondió.

—¿No lo entiendes, Moisés? Yo soy Dios Todopoderoso y tú eres un simple mortal. Si te enseño mi gloria, puede matarte. No puedes resistir algo así —dijo—. Mi respuesta es no. Baja con la promesa de mi gracia y mi favor.

—Parece que el que no lo está entendiendo eres tú —contestó Moisés, con su corazón palpitando tan fuerte que parecía que se le iba a salir del pecho—. No he subido hasta aquí arriba para lograr la promesa de tu gracia o de tu favor. He subido aquí arriba para ver tu gloria y no bajaré de aquí hasta que me la muestres. No malinterpretes mis palabras, amado Dios, pero esto no es negociable para mí. No desistiré hasta que me des un sí. Me quedaré aquí hasta que me digas que sí, te presionaré hasta que lo hagas. Esta es mi petición. Y considera la idea de que es más probable que muera aquí arriba por inanición a que baje sin haber contemplado tu gloria.

—¡Pero mi gloria puede matarte! —le advirtió Dios.

—Dios... —le contestó Moisés con la voz partida, claramente desesperado—. Prefiero morir y verte, a no verte y seguir vivo.

¿No te has dado cuenta de que, a veces, Dios nos dice que «no» esperando que seamos lo suficientemente obstinados para decirnos que «sí»? A veces, muy pocas, pero, a veces, el «no divino» es una invitación a la persistencia obstinada. ¿Por qué? Porque esa persistencia es una declaración de amor a Dios. Sobre todo, cuando lo que le estamos pidiendo es que nos muestre su gloria.

Después de que Dios se diera cuenta de que no podría hacer cambiar de opinión a Moisés, le dijo que sí. Pero le advirtió de que solo vería una pequeña muestra de su gloria, apenas un destello, y que para hacerlo debía resguardarse en la hendidura de una roca. Realmente, Dios estaba velando por la vida biológica de Moisés. Hoy sabemos que esa hendidura en la roca, donde Moisés se resguardó, era una imagen profética de las heridas de Jesús, porque Cristo es la roca y sus llagas abiertas en la cruz son el único lugar seguro donde nos podemos resguardar, para contemplar la gloria de Dios.

Entonces, Moisés esperó acurrucado en el hueco de aquella roca. Incómodo, clavándose la dura piedra en las caderas, raspando su espalda con los filos.

ESPERÓ. ESPERÓ. ESPERÓ. INCÓMODO PERO Expectante.

¡Que rápido nos cansamos nosotros de esperar a Dios! Somos una generación tan acomodada que, cuando algo nos causa un poco de incomodidad, desistimos. Pero, a Dios hay que esperarle.

Y, Entonces, Dios le Mostró su Gloria

Querido lector, presta atención a esto. Cuando Dios le mostró su gloria, no le hizo un despliegue de su poder haciendo temblar la montaña o haciendo caer fuego del cielo. Cuando Dios le mostró su gloria, no le enseñó los confines del universo, los lugares más grandiosos del cosmos ni las maravillas de su creación. Cuando Dios le mostró su gloria, no quitó el velo que separa lo visible de lo invisible, ni le enseñó los misterios del mundo celestial y la majestuosidad de los seres angelicales. ¡No! Cuando Dios le mostró su gloria, dijo: «Pronunciaré mi nombre delante de ti». En otras palabras: «Te diré quién soy, te revelaré la naturaleza de mi corazón, te diré cómo pienso y lo que siento». ¿Por qué? Porque la gloria de Dios es Dios mismo.

> «Y pasando Jehová por delante de él, proclamó: ¡Jehová! ¡Jehová! Fuerte, misericordioso y piadoso; tardo para la ira, y grande en misericordia y verdad; que guarda misericordia a millares, que perdona la iniquidad, la rebelión y el pecado, y que de ningún modo tendrá por inocente al malvado».
> (Éxodo 34:6-7)

Si le pedimos a Dios que nos muestre su gloria, lo que le estamos pidiendo es conocerle tal y como él es, le pedimos que se muestre, que nos dé acceso a las profundidades de su corazón, que nos revele su carácter. La Gloria de Dios no es algo que él ha hecho, es lo que él es. «Muéstrame tu gloria» es sinónimo de «te quiero a ti y te quiero entero, tal y como eres, lo que me haga sentir cómodo y lo que me incomode, tú eres mi santa obsesión». Por eso, Dios estaba entusiasmado con la insistencia de Moisés, porque Moisés no le estaba pidiendo obtener algo de él, le estaba pidiendo obtenerle a él.

¿Puedes entender lo que impulsaba a Moisés? La gracia, con la que la mayoría se conforma, no era suficiente para él. El favor, que muchos ambicionan, no era suficiente para él. Moisés quería más: él quería a Dios.

Esto quedó definitivamente probado, cuando Dios le hizo una extraña oferta a Moisés:

«Moisés, te daré el cumplimiento de todas las promesas que le hice a vuestro padre Abraham, enviaré un ángel delante de vosotros que terminará con todos vuestros enemigos y así poseeréis la tierra prometida, os haré la nación más temida de la tierra y dominaréis el mundo bajo tu liderazgo. Te daré todo eso, excepto una cosa: Yo no iré con vosotros».

¡Imagínate la propuesta! ¿Qué responderías tú si Dios te prometiera cumplir todos tus sueños, pero sin su compañía? Creo que si reflexionas seriamente esta propuesta, la misma probará tu corazón, probará lo que realmente deseas. Si pudieses tener todos los beneficios del reino, pero sin el rey: ¿aún lo querrías?

Entonces, Moisés declinó la oferta de una manera que selló su amistad con Dios para siempre:

«Prefiero un desierto contigo que un paraíso sin ti. Prefiero este desierto seco, asfixiante e infructuoso, pero, contigo, antes que el paraíso con todos sus deleites, sin ti. Entiéndeme, Dios: para mí, el paraíso sin ti es un desierto y el desierto contigo es un paraíso. Tú eres mi promesa, todo lo demás me sobra»..

SUPONGO QUE, CUANDO DIOS ESCUCHÓ ESTO, SUPO QUE HABÍA ENCONTRADO un Amigo

¿Alguien AL QUE le PODÍA Confiar su Corazón

DE: DIOS PARA:

¿QUÉ RESPONDERÍAS TÚ? _____

Cuando pedimos a Dios que nos muestre su gloria, le estamos pidiendo que nos revele quién es él. ¿Qué puedes aprender de la personalidad de Dios leyendo estos 7 versículos de la Biblia?

Escribe 7 cualidades de Dios, de su carácter y naturaleza, que descubras leyendo estos versículos.

Dios es un océano

El océano no se puede embotellar, sería ridículo escuchar a alguien decir que te regala un trocito de océano envuelto en una botella de cristal.

Quizá el agua embotellada quede bien encima de una de las estanterías del salón, pero, cuando mires la botella, ni de lejos se podrá comparar con la experiencia del océano, lo que encontrarás ahí no es más que agua estancada: sin vida, sin brisa y sin océano.

No puedes embotellar las olas, ni puedes guardar el susurro de la brisa marina, ni el brillo del sol sobre las aguas, ni la furia de sus corrientes. Tener unos litros de agua marina en una botella no significa tener el océano.

El agua del océano deja de ser océano cuando se encierra en una botella.

De la misma manera, Dios deja de ser Dios cuando lo encerramos dentro de los estrechos límites de la botella de la religión organizada.

Tener un poco de la verdad de Dios bien estructurada en una doctrina no significa tener a Dios.

No se puede limitar la experiencia de Dios a una liturgia religiosa, ni se puede contener su presencia en ninguno de nuestros templos, ni se puede describir la totalidad de su corazón entre la portada y la contraportada de todos los libros de la tierra, ni siquiera se puede condensar la belleza de Dios en nuestro diminuto cráneo.

La experiencia espiritual no se puede comprar en una botella.

No se puede embotellar a Dios, de la misma forma en que no se puede embotellar la inmensidad del océano. La experiencia de lo divino se trata de sumergirnos en Dios y dejar que él nos envuelva por completo, como el océano envuelve a aquel que se adentra en sus aguas.

Cuando el sediento rechaza la botella, no rechaza el agua, rechaza el envase. El problema no es Dios, es nuestra forma de sistematizarlo, estructurarlo y encerrarlo en un recipiente hermético.

El alma humana no busca el agua de una botella, y lo sabes muy bien. Anhela el océano, tiene sed de un Dios que le lleve una eternidad conocer.

☐ *Ahora tú.*

La Gloria de Dios se revela por doquier, en el imponente universo, en el diseño inteligente de la vida y en la belleza de la naturaleza. Puedes ver su firma divina por todas partes, en lo que ves, oyes, hueles y saboreas en lo cotidiano, en aquello que tocas y sientes; solo debes prestar atención y ver a Dios en lo asombroso.

CON LA CÁMARA DE TU TELÉFONO SACA UNA FOTO DE AQUELLO QUE TE PROVOQUE ASOMBRO Y TE REVELA LA GLORIA DE DIOS.

#SOY INCENDIARIO.

SUBE LA FOTO A TUS REDES CON EL HASHTAG #SOYINCENDIARIO Y ETIQUÉTAME PARA VERLO. ESCRIBE LO QUE TE ASOMBRA DE DIOS. TAMBIÉN PUEDES IMPRIMIR LA FOTO Y PEGARLA AQUÍ.

111

Día 13 //

¿Qué es lo que quieres?

Un discípulo recorrió cientos de kilómetros para encontrarse con un maestro que tenía la fama de conocer las profundidades de Dios. Se decía que aquel maestro poseía la llave que abría la puerta del corazón de Dios, la llave que te daba acceso a los pensamientos y emociones más íntimas del Creador.

El discípulo llegó a la casa del maestro con la esperanza de poseer aquella llave. Imaginaba que sería algún tipo de conocimiento oculto o disciplina espiritual. Llevaba en su mochila un cuaderno y un lápiz para apuntar todas las instrucciones que le diese aquel sabio.

Llamó a la puerta del maestro, con sus tripas encogidas por los nervios, y él salió a recibirle.

—¿Qué es lo que quieres? —preguntó el maestro.

—¡Oh, sabio! Me han dicho que usted ha indagado dentro del corazón de Dios, que ha visto cosas que ningún ojo ha visto, ha escuchado cosas que ningún oído ha escuchado y ha conocido misterios divinos inimaginables para la mente humana. He venido para poseer la llave que abre la puerta del corazón del Creador —contestó el discípulo con voz solemne—. Lo que quiero es conocer a Dios como usted.

El maestro no dijo nada, tomó al discípulo de la mano y lo empujó al río. Se metió en él y arrastró al joven al agua, con ropa y mochila incluidas. El maestro avanzó, avanzó y avanzó hasta que el agua les llegaba al pecho. El discípulo no se resistió, respetaba mucho a aquel hombre sabio como para interrumpirle, pero, sin duda, no era aquello lo que esperaba. Esperaba sentarse en un aula y ahora estaba en medio de un río, empapado hasta la ropa interior.

—¿Qué es lo que dices que quieres? —le volvió a preguntar el maestro.

—Quiero conocer a Dios —contestó solemnemente el discípulo, sin perder la compostura, a pesar de sentir el frío del agua que descendía de las montañas heladas.

De repente, el maestro, cogiendo al discípulo por la cabellera, lo sumergió violentamente bajo el agua durante unos pocos segundos. El discípulo se resistió un poco, pero aquel maestro, inesperadamente, era más fuerte que él. Lo sacó sin soltarle el pelo y, mirándole fijamente a los ojos, le volvió a preguntar:

—¿Qué es lo que quieres?

—Quiero conocer a Dios —dijo guardando la compostura, mientras escupía un poco del agua que se había tragado.

Entonces, el maestro le volvió a empujar dentro del agua con violencia, esta vez, manteniéndolo debajo del agua durante más tiempo, impidiendo que el discípulo pudiese salir, hasta que él lo volvió a sacar del agua.

—¿Qué es lo que quieres? —preguntó una vez más con su voz penetrante.

—Quiero conocer a Dios —dijo algo agitado y claramente desconcertado, empezando a arrepentirse de aquel encuentro, deduciendo que el maestro había enloquecido.

Al instante, volvió a sumergirlo con tanta fuerza que hizo salpicar el agua. Esta vez, apuró al máximo; reteniéndolo bajo el agua, hasta que el discípulo empezó a moverse violentamente por la falta de aire. Hasta el límite de sus pulmones. Lo sacó antes de ahogarse y le preguntó por última vez:

—¿Qué es lo que quieres?

—¡Aire! ¡Aire! ¡Quiero aire! ¡Lo necesito! —gritó desesperadamente—. ¡Suéltame loco chiflado, casi me matas!

Entonces, el maestro, dejándolo nadar asustado hasta la orilla, le gritó mientras se marchaba jadeante:

—Cuando quieras conocer a Dios de la misma manera en que ahora quieres el aire, él te abrirá la puerta de su corazón de par en par. Esa es la llave que andabas buscando.

HAZ ESTA SENCILLA, PERO **PODEROSA**, ORACIÓN:

«*NECESITO NECESITARTE*».

CORTA **LOS BORDES** EXTERIORES DE LA PUERTA DIBUJADA. ÁBRELA Y DESCUBRE LO QUE TE ESPERA AL OTRO LADO.

Recuérdalo SiEMPRE:
PARA ABRIR LA PUERTA DEL
♥ corazón del PADRE, HAY
que cerrar LA PUERTA DE
TU HABITACIÓN. ✋

CUANDO SE CIERRA LA PUERTA DE TU HABITACIÓN,
SE ABRE LA PUERTA DEL CORAZÓN DEL PADRE
DE PAR EN PAR. SIN RESTRICCIONES
UN MUNDO INFINITO DE SECRETOS
-QUE OJO NO VIO, NI OÍDO OYÓ, NI HA
VENIDO A LA MENTE DE NINGÚN HOMBRE-
ES EL QUE DIOS SE RESERVA PARA LOS QUE LE AMAN.
CON UNA BIBLIA GASTADA, UNAS RODILLAS DOBLADAS
Y UNA PUERTA CERRADA, SE ALCANZA A AQUEL
QUE ESTÁ MÁS ALLÁ DE LAS ESTRELLAS.

UNA ⏸ PAUSA

AGRADECE CON LOS 5 *sentidos*

«Toda buena dádiva y todo don perfecto desciende de lo alto, del Padre de las luces».
(Santiago 1:17)

Ser agradecidos por las cosas buenas de nuestra vida es uno de los secretos de la alegría. Tristemente, tendemos a enfatizar lo malo que nos acontece y nos quejamos con facilidad, pero nos cuesta agradecer lo bueno que el Padre nos regala cada día. La Biblia dice que todo lo que es bello, todo lo que es delicioso, todo lo que es placentero, todo lo que nos emociona... En definitiva, todos los regalos buenos provienen de un Dios que es bueno. Apreciar las bondades de Dios acerca nuestro corazón al suyo.

Por esa razón, con este ejercicio valorarás las bondades cotidianas que Dios te regala y serás agradecido. Bondades que das por sentado, pero que son maravillosas si paras un momento para apreciarlas.

En las próximas horas, busca cinco maneras diferentes de estimular tus cinco sentidos con algo bueno. Debes ser intencional y buscar aquello que más disfrutes. Aprovéchate y date un capricho.

Viendo, saboreando, oliendo, oyendo y tocando algo que te guste demasiado, algo en lo que puedas apreciar la bondad de Dios, pero que, pocas veces, valoras como un regalo y das gracias a Dios por ello.

Y, mientras estés estimulando cada uno de tus cinco sentidos con algo que disfrutes, levanta tu voz en una oración de agradecimiento: «Gracias, Padre bueno, por...». Mantente enfocado por unos segundos en eso que estás disfrutando y agradécelo profundamente.

Vale cualquier cosa a tu alcance que consideres de valor, sea por la razón que sea. El olor del café o el sabor de tu dulce favorito. Una puesta de sol, el canto de un pájaro o la piel de tu mascota. Cualquier cosa donde percibas la bondad de Dios al darte la oportunidad de disfrutarla.

VERÁS LO QUE OCURRE CON TU CORAZÓN CUANDO ERES AGRADECIDO. ¡INSISTO! APROVECHA Y DATE UN CAPRICHO.

EVALUA EL DESAFÍO INCENDIARIO DE LA SEMANA

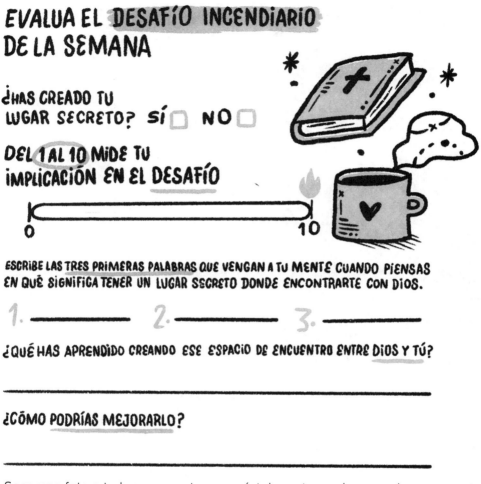

¿HAS CREADO TU LUGAR SECRETO? SÍ ☐ NO ☐

DEL 1 AL 10 MIDE TU IMPLICACIÓN EN EL DESAFÍO

0 ——————————————— 10

ESCRIBE LAS TRES PRIMERAS PALABRAS QUE VENGAN A TU MENTE CUANDO PIENSAS EN QUÉ SIGNIFICA TENER UN LUGAR SECRETO DONDE ENCONTRARTE CON DIOS.

1. ———————— 2. ———————— 3. ————————

¿QUÉ HAS APRENDIDO CREANDO ESE ESPACIO DE ENCUENTRO ENTRE DIOS Y TÚ?

———————————————————————————

¿CÓMO PODRÍAS MEJORARLO?

———————————————————————————

Saca una foto a tu lugar secreto, compártelo en tus redes con el *hashtag* #SOYINCENDIARIO y etiquétame para que pueda verlo. Escribe en tu publicación algo que hayas descubierto del corazón de Dios, mientras te encontrabas cara a cara con él.

3

Semana
Tres

Procesos
Transformadores

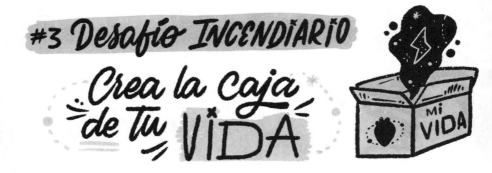

#3 Desafío INCENDIARIO
Crea la caja de tu VIDA

¿QUIÉN ERES?

Probablemente, tu respuesta más instintiva es decirme tu nombre, añadir a tu respuesta tu nacionalidad o profesión. Quizá incluso me digas cuál es tu edad. Pero, tú eres mucho más que eso.

Eres tu historia, eres lo que amas y lo que temes. Eres las personas importantes de tu vida y los momentos inolvidables que te marcaron para siempre. Eres el primer beso y tus lágrimas más amargas. Eres tus talentos y tus debilidades. Eres lo que te impulsa a levantarte cada mañana.

¿CÓMO LO HARÁS?

Busca una caja de cartón o de otro material, del tamaño de una caja de zapatos será suficiente. Ora a Dios y pídele que te ayude a recordar los símbolos que mejor expresan quién eres. Toma un día entero para llenar la caja. Finalmente, decórala un poco.

Es importante que sepas que para realizar las dinámicas que te voy a proponer en los próximos siete días necesitarás crear la caja de tu vida.

Día 15 //

Perlas en el Corazón

Hace unos años, mientras oraba, tuve una visión en mi mente, llámalo una escena inspiradora en mi imaginación si quieres. Vi a Jesús poniéndose en el cuello un collar de perlas preciosas que exhibía con satisfacción delante de toda su creación. Era interesante notar como cada perla tenía un tamaño singular y diferentes matices en su color y textura, lo que hacía que el collar fuese una joya inimitable.

Y, mientras observaba esa escena en mi mente, me pareció escuchar una voz en mi alma que me decía: «Itiel, tu vida puede ser una perla preciosa que embellezca a Jesús por toda la eternidad».

¡ME QUEDÉ EN SHOCK!

Esas palabras se han grabado en mi memoria hasta el día de hoy y, cada vez que pienso en las implicaciones de aquella propuesta divina, sonrío de felicidad y tiemblo de miedo al mismo tiempo, como cuando una mujer embarazada imagina el día del parto, o como aquellos que entienden que existe cierta belleza que nace del dolor.

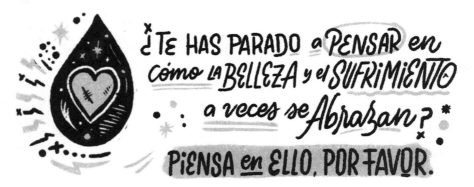

¿TE HAS PARADO a PENSAR en cómo LA BELLEZA y el SUFRIMIENTO a veces se Abrazan? PIENSA en ELLO, POR FAVOR.

Jesús contó una parábola, que ha quedado registrada en el capítulo 13 del Evangelio de Mateo, sobre un mercader que encontró una perla preciosa, única y de gran valor, y, deseoso de poseerla, vendió todo lo que tenía para poder comprarla. Aunque soy consciente de que existen otras interpretaciones posibles, la que atrapa mi atención es esta: Jesús es el mercader y yo soy la perla, y Jesús estuvo dispuesto a pagar un alto precio en la cruz para poseerme como su propiedad exclusiva, con el fin de poder exhibirme como una joya en su cuello.

Aunque esta interpretación de la parábola te resulte hermosa, quizá te haga temblar el corazón al descubrir que las perlas son producto del dolor. ¡Sí! Las perlas son producto del dolor, lo descubrí no hace mucho. Por lo tanto, si nosotros somos las perlas en el cuello de Jesús, esto significa que somos el resultado de un proceso de sufrimiento cuyo fin último es embellecer a Cristo.

Es fascinante profundizar en cómo surgen las perlas preciosas y cómo su formación está ligada al proceso de sufrimiento de un ser vivo. Durante mucho tiempo, creí que las perlas eran un tipo de piedras preciosas que se formaban en las entrañas de la tierra, como los diamantes o los minerales, pero me quedé sorprendido al descubrir que las perlas se forman dentro de las ostras. Cuando un granito de arena punzante penetra en el interior de una de ellas y hiere la delicada piel del molusco, el animal, para cicatrizar su herida, produce una sustancia viscosa llamada nácar que recubre el granito de arena lentamente, capa por capa, en un proceso de cicatrización que puede durar hasta diez años. Finalmente, esa herida cicatrizada será la valiosa perla de nácar. En otras palabras, la perla es producto del sufrimiento de la ostra. El molusco ha de ser herido para crear esa joya preciosa y de gran valor.

POR LO TANTO, NO HAY PERLAS SIN DOLOR.

Y, si tú y yo somos las perlas que adornan el cuello de Jesús, ¿qué puede significar eso? Que nuestra belleza eterna está ligada a procesos de sufrimiento en esta vida temporal.

Por esa razón, si tú que lees estas palabras has experimentado o experimentas algún tipo de sufrimiento, déjame decirte que:

TU DOLOR tiene SENTIDO.

Se está formando algo de gran valor dentro de tu corazón, una belleza que nace del dolor, y que es muy deseada por Jesús.

Me doy cuenta de cuantas veces, en medio de mis procesos difíciles, he orado a Dios:

«DIOS, SÁNAME DE ESTA ENFERMEDAD».

«DIOS, RESUELVE ESTE CONFLICTO».

«DIOS, SÁCAME DE AQUÍ».

EN DEFINITIVA:

«DIOS, HAZ ALGO PARA MÍ».

Pero, he aprendido con el tiempo que, muchas veces, Dios no quiere hacer algo para mí, porque él está más interesado en hacer algo en mí.

Entiende esto: cuando Dios guarda silencio ante algunas de nuestras oraciones, algunos creen que han sido olvidados cuando, en realidad, están siendo procesados. Quizá Dios no quiera transformar tus circunstancias, porque prefiere transformarte a ti. Quizá quiere darte la oportunidad de gestar algo valioso en las entrañas de tu alma, algo que, cuando se pruebe con fuego, pueda permanecer por siempre en el cuello de Jesús.

ME RESULTA ESPERANZADOR CREER QUE MI DOLOR TIENE UN SENTIDO TAN TRASCENDENTE.

El día que estés cara a cara con Jesús, ¿qué le podrás regalar a aquel que es el poseedor de todas las riquezas del universo? Hay una joya que él no puede tener a no ser que tú se la regales: tu perla. Pienso, muchas noches, en ese momento en el que le veré y me imagino abriendo mi pecho delante de Jesús como se abre la ostra y extrayendo de mi corazón esa perla que forjé para él, en medio de mi dolor.

PARA ÉL. PARA HERMOSEAR UN POQUITO A MI CRISTO POR LA ETERNIDAD.

NOTA MENTAL

LAS COSAS A LAS QUE Jesús DARÍA UN LIKE NO SE PUEDEN FOTOGRAFIAR ÉL NO SE IMPRESIONA con el TALENTO, SINO CON EL Carácter.

☐ *Ahora tú.*

Reflexiona sobre estas tres preguntas y escribe tus respuestas más honestas.

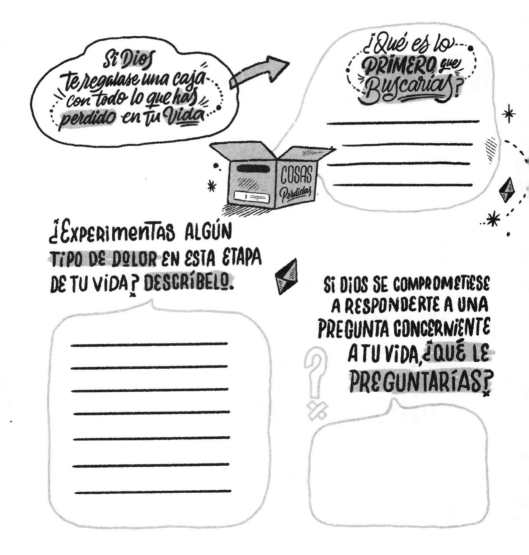

Si Dios te regalase una caja con todo lo que has perdido en tu vida...

¿Qué es lo PRIMERO que Buscarías?

COSAS Perdidas

¿Experimentas algún tipo de dolor en esta etapa de tu vida? Descríbelo.

Si Dios se comprometiese a responderte a una pregunta concerniente a tu vida, ¿qué le preguntarías?

Necesitas ser quebrantado

Deja de huir de los procesos dolorosos, por favor, deja de ser un escapista. Necesitas esos procesos difíciles para ser formado, para llegar a ser quien Dios quiere que seas.

NO HAY PROMESA SIN PROCESO.

Lo veo constantemente. Esta generación se frustra con demasiada facilidad, cuando las cosas se ponen difíciles y tiende a huir de las atmósferas de presión que podrían formarlos:

Si LA RELACIÓN DE PAREJA PASA POR UNA CRISIS, SE DIVORCIAN. Si EN EL TRABAJO LES EXIGEN MÁS RENDIMIENTO, DEJAN EL PUESTO. Si EN SU IGLESIA LOCAL LES CORRIGEN, SE MARCHAN A OTRA COMUNIDAD.

De hecho, se ha puesto de moda la idea de «aprender a soltar», pero creo que se habla poco de «aprender a permanecer». Es decir, no salir corriendo cuando las cosas se ponen difíciles. A veces, hay que agarrarse fuerte, aunque te duela. Porque merece la pena quedarse.

Huir de todo dolor es la mejor manera de boicotear tu propio desarrollo, porque es bajo presión donde experimentamos el mayor crecimiento. Yo llamo a esto «Procesos de quebranto que liberan la vida que está retenida».

DEJA QUE ME EXPLIQUE.

Cuando yo era un muchacho infantil y con serios problemas de carácter, había una frase que me decía mi padre y que yo odiaba. La odiaba muchísimo. Recuerdo que solía decírmela mirándome a los ojos, con una sonrisita contenida debajo de su bigote y con voz tranquila, justo después de que yo hubiese explotado por cualquier cosa:

«¡TIEL, DIOS AÚN TIENE QUE QUEBRANTAR MUCHO PARA QUE LE PUEDAS SER ÚTIL». ¡¿QUEBRANTAR?!

En serio, me daba mucha rabia cada vez que me lo decía. Me descolocaba que, después de uno de mis arrebatos de furia o de orgullo o de egoísmo o de inmadurez, mi padre, en vez de castigarme, me mirase como si supiera algo de mi futuro que yo desconocía y enfatizase mi necesidad de quebrantamiento. Y, siendo brutalmente honesto, en ese momento, no entendía a qué se refería mi padre, cuando hablaba de ser quebrantado. Era un concepto tan desconocido para mí como lo puede ser para ti, si eres demasiado joven. Entonces, apretaba los puños y los dientes, y me alejaba de mi padre sin entender por qué me decía eso.

¿Por qué iba a necesitar quebrantamiento para ser útil para Dios? Probablemente, necesitase más talento o más conocimiento o más formación. Pero ¿quebrantamiento? ¿Qué era aquello que, al parecer, necesitaba sin saberlo? Me resultaba todo un misterio.

Ahora, después de que han pasado veinte años, me doy cuenta de cuánta razón tenía mi papá (mientras escribo esto, recuerdo su sonrisita debajo del bigote y me hace sonreír, como él).

NECESITABA QUEBRANTAMIENTO. LO NECESITABA Y MUCHO.

Jesús, comparándose a sí mismo con una semilla, habló a sus discípulos de la necesidad de ser quebrantado en la cruz para ser útil para el Padre, para poder dar el fruto que estaba destinado a dar:

«Si el grano de trigo no cae en la tierra y muere, queda solo; pero si muere, lleva mucho fruto».
(Juan 12:24)

Jesús dijo: «Me van a partir en la cruz, voy a ser rasgado y herido, abierto en mil pedazos, pero esta será la manera en la que brotará la vida eterna que está retenida en mi interior. Como la cáscara de una semilla debe ser quebrada para que brote la vida que contiene dentro de ella, la planta crezca y dé fruto que alimente a muchos, yo debo ser quebrado en la cruz para que brote la vida eterna contenida en mí, mi familia crezca y alimente a millones con el fruto de la salvación».

JESÚS ESTABA CONECTANDO DAR FRUTO CON SER QUEBRANTADO.

Una semilla contiene dentro de sí el potencial para una gran cosecha, pero, para que ese potencial sea liberado, la cáscara exterior debe ser quebrada. No hay otra manera.

Y con esta metáfora es con la que llegué a entender la importancia del quebrantamiento, a fin de ser útil para Dios. Todos nosotros somos como semillas en las manos de Dios. La cuestión no es si dentro de la semilla se encuentra la vida —porque toda semilla tiene vida contenida dentro de sí—, la cuestión es si la cáscara exterior será quebrada para que la vida brote hacia fuera. Sin el quebrantamiento de la cáscara exterior, no se libera el potencial retenido en el interior. Sin quebrantamiento no hay fruto. Una persona no quebrantada es una persona infructuosa para el reino de Dios, una cáscara bonita, pero inútil.

Me resulta impactante pensar en esto. En que un gran árbol lleno de fruto comenzó siendo una semilla sometida a un proceso de quebranto. El sembrador debe enterrar la semilla bajo la tierra, porque, allí, escondida en la oscuridad, será expuesta a un proceso de quiebre de su cáscara, a través de la humedad del agua, el calor del sol y la presión de la tierra. En cierto sentido, parece que la semilla muere bajo la tierra, pero, en realidad, está siendo promovida al siguiente nivel. De la misma manera, Dios nos somete a procesos de quebranto en la oscuridad, nos expone conscientemente a circunstancias que duelen, de tal manera que pareciera que nos está matando, pero, en realidad, no nos está matando, nos está promoviendo al siguiente nivel.

Por esa razón, huir de los procesos de quebranto boicotea nuestro crecimiento. Aunque nos duela, no hay otra manera de fructificar, ni para la semilla ni para el cristiano. Así como no hay resurrección sin cruz, no hay promesa sin proceso.

NECESITAS SER QUEBRANTADO. Y PUNTO.

Si Dios te entierra, es porque te quiere promover. Pero, honestamente, a todos nos da miedo ser enterrados por Dios en la oscura tierra de las circunstancias difíciles. Pero, créeme, cuando Dios te procesa en la oscuridad, te está preparando para exponer tu fruto en público. Es cierto, esa aparente muerte es terrible, pero, a la vez, es la catalizadora de una gran cosecha. Por esa razón, Dios está tan interesado en procesarte. Cuando entiendas esto, dejarás de huir del quebranto y comenzarás a amar el proceso tanto como amas la promesa.

Pero puede ser que, en este punto del texto, aún sigas sin entender a qué me refiero exactamente con «quebrantamiento» (tranquilo, me pasaba lo mismo cuando me lo decía mi papá). Entonces, si para que la semilla cumpla su propósito debe quebrarse su cáscara, ¿qué debe quebrarse en nosotros para ser útiles para Dios? Debe quebrarse nuestro «yo», debe humillarse nuestro ego.

Por favor, permite que me explique, aunque lo haré de manera brevísima. Nuestro ser se compone de cuerpo, alma y espíritu, aunque, en realidad, a mí me gusta decir que somos un espíritu que tiene un alma y está dentro de un cuerpo. El espíritu humano es el soplo de vida que Dios nos insufló en el día de nuestra creación: el aliento divino, una parte de Dios mismo que está en nosotros. El alma es la suma de nuestra voluntad, intelecto y emociones; lo que podríamos llamar el ego o nuestro «yo». Finalmente, el cuerpo es nuestro vehículo para interactuar con el mundo material, a través de los sentidos. Obviamente, esto es una simplificación de algo mucho más complejo.

El punto que deseo enfatizar es el siguiente. Cuando el Espíritu Santo viene a morar dentro de nosotros, lo hace uniéndose a nuestro espíritu humano, y desde allí desea relacionarse con nuestra alma y guiarla según la voluntad de Dios. El Espíritu Santo, unido a nuestro espíritu, quiere gobernar nuestra vida y producir su fruto, que es un carácter justo, generoso, compasivo, alegre, sacrificado, valiente y puro, entre otros atributos del Espíritu. Un carácter útil para los propósitos de Dios, un carácter como el de Jesús. Sin embargo, nuestra alma se resiste a someterse al Espíritu, quiere tener el mando e imponer sus deseos egoístas. El alma es rebelde por naturaleza caída y no quiere ser gobernada. De esta manera, nuestra alma bloquea al Espíritu en nosotros. ¡Sí! Lo bloquea, lo resiste, lo detiene o como quieras decirlo. En el ejemplo de la semilla, el alma es como la cáscara que retiene el fruto del Espíritu dentro de nosotros. Mientras la cáscara del alma siga intacta, el ego no aceptará órdenes del Espíritu. La vida cristiana fructífera requiere —y no es opcional— que el Espíritu se abra paso a través del alma, y la única manera de que esto ocurra es a través del quebranto de ella. El alma debe ser herida, sometida a la muerte del «yo», a la humillación del ego. Solo así se libera el Espíritu y nos convertimos en cristianos llenos de fruto que alimentan a otros.

¿CÓMO ES UNA PERSONA QUEBRANTADA? Es una PERSONA RENDIDA A DIOS, CUYA ALMA SE somete A LA VOLUNTAD DEL Espíritu.

¿Y cómo se ve eso? Hay que prestar atención a cómo piensa, habla y actúa, porque una persona quebrantada se parece a Jesús.

Mientras sigas obcecado en preservar intacta tu alma, serás un cristiano sin fruto. Inútil para Dios. Y te sorprendería la cantidad de cristianos sin fruto que existen porque huyen de los procesos de quebranto. (Y creo que nuestra obsesión por preservar nuestra alma intacta se debe a que estamos convencidos de que esta tiene más valor del que realmente ostenta).

Por eso, ahora, las palabras de mi papá tienen tanto sentido para mí. Cuando mi padre me veía dominado por mi ego, manifestando un carácter irascible, orgulloso, manipulador, vanidoso y lujurioso, entre otros atributos de mi alma caída, sabía que yo era un cristiano no quebrantado. Y Dios no puede hacer mucho con un cristiano así.

Por eso, quiero decirte lo mismo que me decía mi padre, con la misma sonrisita que él, mientras lo escribo: necesitas ser quebrantado para ser útil para Dios.

**TU SEMILLA DEBE SER ENTERRADA.
TU «YO» DEBE SER QUEBRADO.
TU EGO DEBE SER HUMILLADO.
Así, y solo así, se liberará el Espíritu
y tu vida se rendirá a la voluntad de DIOS.**

Para lograr esto, Dios te enterrará en la oscuridad, te expondrá a circunstancias difíciles que presionarán tu alma, pero, tranquilo, el sembrador sabe lo que hace. Confía. Aunque no lo creas ahora, una cartera vacía, un corazón roto, una desilusión, una crisis o un sufrimiento pueden darte el crecimiento más grande de tu vida. El quebrantamiento de tu alma puede llegar de mil maneras, pero todas duelen, porque representan una especie de muerte. Una especie de crucifixión de tu alma.

JESÚS TE ESTÁ LLAMANDO: «Ven a la Cruz CONMIGO».

¿Por qué? Porque en la cruz es donde se quiebra tu opinión, tu control, tu vanidad, tu egocentrismo y todo lo que representa la supremacía de tu alma.

No huyas de tu crucifixión del alma, ni anestesies su dolor. Cuando Jesús estaba allí clavado, siendo quebrantado como ningún hombre lo ha sido jamás, un soldado romano le ofreció una bebida anestesiante hecha de vino mezclado con hiel, una especie de poción diseñada para atenuar los sentidos y disminuir el sufrimiento de los ejecutados. Sin embargo, Jesús rechazó anestesiar su dolor, no huyó de él intoxicando sus sentidos, sino que enfrentó el quebranto de la cruz sabiendo que era el proceso necesario para alcanzar la promesa. Lo que mantuvo a Jesús allí clavado, sin escapar de aquel madero que le partía con tanta violencia, fue la certeza de que el fruto de su sufrimiento compensaría el dolor que, en ese momento, experimentaba.

Tú tampoco huyas de la cruz, no anestesies el dolor con cualquier droga que se te ofrezca. Enfrenta el quebranto y permanece en la oscuridad que ahora te rodea, con la certeza de que, después de este proceso, vendrá tu promesa.

☐

Escribe en esta página qué asuntos de tu ego aún necesitan ser que-brantados. Esos vicios y taras de tu alma que son un obstáculo para que el fruto del Espíritu se libere en ti.

Cuando los hayas escrito, arranca la página y préndele fuego en un lugar seguro, fuera de tu casa.

Después, toma las cenizas y mételas dentro de la «Caja de tu vida», mientras haces una oración a Dios, comprometiéndote a acep-tar ser quebrantado para que sus propósitos se cumplan en tu vida.

TU EGO

En el TALLER del ARTISTA

> «Y Samuel tomó el cuerno del aceite, y lo ungió en medio de sus hermanos;
> y desde aquel día en adelante el Espíritu de Jehová vino sobre David.
> Se levantó luego Samuel, y se volvió a Ramá».
> (1 Samuel 16:13)

ESTE ES UNO DE LOS MEJORES CLIFFHANGER DE LA BIBLIA.

Si no eres un aficionado a las series como lo soy yo, quizá no sepas lo que significa este término anglosajón. Un *cliffhanger* es un recurso narrativo que consiste en colocar a uno de los personajes principales de la historia en una situación extrema al final de un capítulo, generando con ello una tensión psicológica en el espectador que aumenta su deseo de avanzar en la trama. Y, así, termina el capítulo 16 del primer libro del profeta Samuel, con una escena de tensión que te deja con la pregunta: «¿Y ahora qué? Necesito saberlo».

Entiende el drama. Cuando el profeta Samuel ungió a David como rey, ya había un rey sentado sobre el trono de Israel. Saúl tenía la corona sobre su cabeza, el manto real sobre sus hombros y estaba sentado sobre el trono, pero el aceite de la unción de Dios corría sobre la cabeza de aquel muchacho llamado David.

¿SIENTES LA TENSIÓN DE LA TRAMA? PORQUE NO PODÍA HABER DOS REYES EN ISRAEL.

Es importante resaltar que no era el profeta el que estaba buscando un nuevo rey, era Dios. Desde la perspectiva de Dios, aunque Saúl tenía la corona de rey, no tenía el corazón de rey. Entonces, Dios le dice enfáticamente al profeta Samuel:

«No mires a su parecer, ni a lo grande de su estatura, porque yo lo desecho; porque Jehová no mira lo que mira el hombre; pues el hombre mira lo que está delante de sus ojos, pero Jehová mira el corazón».
(1 Samuel 16:7)

En otras palabras:

«Samuel, no te fijes en su imagen externa porque yo estoy buscando una imagen interna. Ya tengo un hombre en el trono que aparenta ser un rey, pero que no tiene el corazón de un rey. No estoy buscando una apariencia, sino una esencia. Ve en busca de un corazón, un tipo de corazón que no sea de cristal, sino de barro, porque yo quiero modelarlo a mi gusto».

Por favor, no me entiendas mal. Dios no estaba desechando a Saúl por tener un corazón imperfecto. ¡De ninguna manera! De hecho, Dios acostumbra a elegir a gente con serios problemas de carácter para cumplir sus propósitos, personas realmente imperfectas en todos los sentidos, a las cuales somete a un proceso de formación de carácter hasta lograr que adquieran la forma que él desea. El problema esencial que Dios tenía con Saúl es que tenía un corazón de cristal, tan frágil que, cuando lo presionaba un poquito para moldearlo, se rompía en pedazos y se hacía filoso. Cortante, como trozos de cristal roto que hieren a otros. Inútil y peligroso. Siendo claro, hay muy poco que Dios pueda hacer con un corazón de cristal, tan delicado que se fractura cuando es presionado. El alfarero divino necesita un corazón de barro, que sea moldeable, que pueda tomar entre sus manos y presionar hasta lograr la forma que desea. Porque, para que el alfarero divino pueda darle la forma deseada al barro, primero tiene que mojarlo, golpearlo y presionarlo. Sin un quebrantamiento del barro, el alfarero no podrá darle la forma deseada. De la misma manera, Dios tiene que tratar el corazón de sus reyes y reinas a fin de moldearlos para sus propósitos. ¿Por qué? Porque el corazón es el recipiente donde se sostiene la corona.

Por esa razón, me preocupa que los sociólogos llamen a nuestros jóvenes la «generación de cristal», porque, de ser así, habrá escasez de reyes y reinas en el reino de Dios. ¡Nunca olvides esto! Ser un rey o una reina en el reino de Dios no es la descripción de una función, es la descripción de un corazón que ha sido formado de una manera particular: a través del quebranto divino.

REGRESEMOS AL CLIFFHANGER.

El profeta Samuel unge a David como rey, delante de toda su familia, quienes no podían creer lo que estaban viendo. El profeta lo deja empapado de aceite de la cabeza a los pies y después se marcha de allí sin dar más explicaciones. Así, sin más. La pregunta que podía haber en la mente de David (y en la nuestra) es: «¡¿Y ahora qué?!».

**Y ASÍ TERMINA EL CAPÍTULO.
TENSIÓN.
DRAMA.
UN CLIFFHANGER QUE TE HACE LEER EL SIGUIENTE
CAPÍTULO IRREMEDIABLEMENTE.**

Como espectadores de esta historia, podríamos pensar que en el capítulo siguiente David prepararía su maleta, se despediría de su familia y se iría a la puerta del palacio real a reclamar su nueva posición de autoridad: «Saúl, levántate del trono porque ha llegado el nuevo rey a la ciudad».

**PERO NO FUE ASÍ.
DAVID REGRESÓ A RAMÁ, A CUIDAR LAS OVEJAS DE SU PADRE.**

Ungido como rey, regresó a cuidar de un puñado de ovejas en la montaña como un sirviente. Un rey sin corona, sin manto y sin trono, pero con su corazón en las manos de Dios: el alfarero divino, listo para comenzar su doloroso y bello proceso de formación.

Querido lector, el día en que David fue ungido, no fue inscrito en el linaje real, fue inscrito en el taller del quebranto. Dios lo metió en su taller de trabajo, en la habitación celestial donde esculpe sus obras de arte. Durante más de quince años, sometió a su corazón a los golpes del martillo y cincel divinos para convertir el corazón de ese pastorcillo en el corazón de un rey. Aunque Dios ungió a David como rey en un solo día, le llevó años de quebrantamiento preparar su corazón para que pudiese asumir el peso de la responsabilidad que implicaba aquella corona. Formar su carácter fue la prioridad de Dios, la corona podía esperar. Y esperó. Mucho.

Nunca olvides esta verdad, sobre todo, cuando sientas que Dios tarda en cumplir sus promesas. Dios solo necesita un día para darte el cumplimiento de tu propósito, pero necesita años para preparar tu corazón, para que este pueda sostener el peso de la responsabilidad que implica. Dios no te llevará donde tu carácter no te pueda sostener. ¿Por qué? Porque te ama. Porque recibir el peso de tu propósito antes de tener un carácter formado puede destruirte. Cuanto más lejos quiera llevarte Dios, más tendrá que trabajar en tu corazón para sostenerte allí. La formación no es opcional para los reyes y reinas del reino de Dios.

Dios metió a David en su taller de formación durante años. Tomó su corazón en sus manos, como un artista toma el barro en bruto en las suyas, y lo quebrantó.

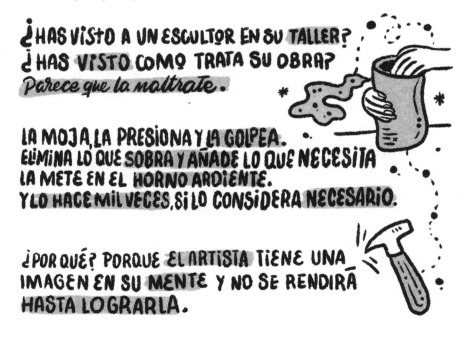

¿HAS VISTO A UN ESCULTOR EN SU TALLER?
¿HAS VISTO COMO TRATA SU OBRA?
Parece que la maltrate.

LA MOJA, LA PRESIONA Y LA GOLPEA.
ELIMINA LO QUE SOBRA Y AÑADE LO QUE NECESITA
LA METE EN EL HORNO ARDIENTE.
Y LO HACE MIL VECES, SI LO CONSIDERA NECESARIO.

¿POR QUÉ? PORQUE EL ARTISTA TIENE UNA
IMAGEN EN SU MENTE Y NO SE RENDIRÁ
HASTA LOGRARLA.

A eso me refiero con «quebrantar» la obra. Al proceso violento de modelado. El cual, desde fuera, parece reflejar que el artista la está maltratando; sin embargo, en realidad, se trata de la evidencia de cuán involucrado está emocionalmente con su obra de arte, porque no se rinde hasta lograr el resultado que anhela. El artista apasionado no se da por vencido, hasta dominar ese material salvaje y convertirlo en algo hermoso. Algo admirable. Porque convertir un trozo de barro sucio y maloliente en una obra de arte es admirable. Admitámoslo.

Y ASÍ LO HIZO DIOS CON DAVID. Y ASÍ LO ESTÁ HACIENDO DIOS CONTIGO.

«Como el barro en manos del alfarero, así sois vosotros en mis manos».
(Jeremías 18:6)

El amor de Dios por nosotros puede resultarnos algo extraño, porque es como el celo de un artista por su obra. Parece que, a veces, nos maltrata; cuando, en realidad, está emocionalmente involucrado con nuestra formación. Dios nos quebrantará para modelar una imagen en nosotros, la imagen de un rey o de una reina conforme a su corazón.

Todos los que son quebrantados por Dios, al igual que David, en el momento en que reciben el golpe del alfarero divino, no entienden su significado, pero, con el paso de los años, mirándolo en retrospectiva, entienden que cada experiencia fue formativa. Para David, el rechazo de su padre, la burla de sus hermanos, la soledad en la montaña, la batalla en contra del oso, la persecución feroz de Saúl, el exilio en la cueva y todos los demás procesos difíciles que aparentemente podían haberlo destruido, lo formaron. Todos esos dolores fueron el martillo y el cincel de Dios que transformaron el corazón de un pastorcillo en el corazón de un rey.

¡Confía! Estás en las manos de un artista celoso por su obra que no se rendirá contigo, hasta lograr convertirte en algo que otros puedan admirar. Entonces, ten fe en el artista cósmico. Aunque tarde años. Y, si estás experimentando alguna clase de quebrantamiento en tu vida, tómalo como una señal de que Dios está emocionalmente involucrado con tu formación. Aquello que piensas que te consumirá, en realidad, te está formando.

En los anales de la historia, ha quedado el registro de unas palabras que el genio, escultor y pintor Miguel Ángel dijo de «el David», una de sus obras más emblemáticas. Una representación del rey David con su honda, de cuatro metros de altura, tallada en una sola pieza de mármol. Esta belleza artística sigue expuesta al público en el Vaticano y se considera una de las grandes maravillas del arte. Lo interesante es que Miguel Ángel utilizó un bloque de mármol que nadie quería para esculpir su obra, un bloque de mármol que parecía maldito durante décadas. El bloque, procedente de la cantera de Fantiscritti, llevaba abandonado cuarenta años en el almacén del templo del Vaticano. La culpa, según dicen, era de Agostino di Duccio, quien intentó tallar algo en dicho mármol, haciendo justo en la mitad un enorme agujero. Horrible. Después, desistió y abandonó el bloque, dejándolo aparentemente inservible. Antes de Miguel Ángel, doce artistas habían intentado en vano obtener de ella alguna escultura, pero ese agujero lo complicaba demasiado. Era, sencillamente, un bloque de mármol imposible. Hasta que Miguel Ángel aceptó el desafío de esculpir algo en él y trabajó en su taller durante tres años tallando aquel bloque. Lo más memorable fue la respuesta que dio Miguel Ángel, cuando le preguntaron cómo había logrado ese nivel de perfección al esculpir el David partiendo de un bloque de mármol tan complejo como ese. El artista respondió:

«DAVID ya Estaba DENTRO DE ese BLOQUE. YO TAN SOLO QUITÉ CON MI MARTILLO LO QUE SOBRABA».

INSPIRADOR.

De la misma manera en que Miguel Ángel tuvo que quebrantar ese «mármol maldito» con su martillo y su cincel, para extraer la imagen de David, Dios nos quebrantará con el martillo y el cincel de la prueba, para extraer su diseño en nosotros.

RECUÉRDALO: DIOS NO ESTÁ CONSTRUYENDO UN REINO ¡ÉL YA LO TIENE! DIOS ESTÁ CONSTRUYENDO reyes y reinas ¡Y TÚ ERES SU PROYECTO PRINCIPAL! Y AL PARECER, está EMOCIONALMENTE INVOLUCRADO CONTIGO.

Ahora tú.

Es posible que seas demasiado joven como para recordar esto, pero, antes de la era digital, las cámaras fotográficas eran analógicas. ¡Sí! Y, para obtener las instantáneas impresas en papel fotográfico, tenías que llevar el carrete de la cámara a una tienda especializada en el revelado de fotos. Recuerdo llegar a esperar un día entero para que revelasen mis fotos. Creo que las valoraba más entonces que ahora.

No sé explicar el proceso de revelado, pero, en esencia, a través de un sistema de ingeniería, la lente de la cámara capturaba la luz de una escena y la imprimía en la película del carrete en forma de negativo. Aquel negativo, para convertirse en una foto impresa, pasaba por un proceso de revelado que, entre otras cosas, implicaba sumergir el papel fotográfico en unos químicos. Pero lo interesante del asunto es que, como la película del carrete era fotosensible, todo el proceso de revelado debía hacerse en un cuarto oscuro para que no se velase la imagen.

En definitiva, la foto se revelaba en la oscuridad. Para que la imagen saliese a la luz requería pasar por la oscuridad; es decir, para tener una instantánea que todo el mundo pudiese admirar no había otro camino: debía pasar por el cuarto oscuro.

Es inspirador pensar en cómo la belleza de una imagen se conecta con la oscuridad de un cuarto.

Esto me hace pensar en que, para que Dios revele la imagen que desea en nosotros, también tiene que meternos en «cuartos oscuros», en algunos momentos de nuestra vida.

Este es un patrón que se repite a lo largo de toda la Biblia. Observamos cómo Dios reveló la imagen que deseaba en diferentes personas permitiendo que pasasen por cuartos oscuros. Esos cuartos oscuros tienen diferentes formas, pero sirven para que Dios pueda revelar sus virtudes en nosotros.

Para José, fue la cárcel.
Para David, fue la cueva de Adulam.
Para Elías, fue la casa de la viuda.
Para Moisés, fue el desierto.
Para Job, fue la enfermedad.

Para Daniel, fue Babilonia.
Para Pablo, fue el aguijón.
Para Abraham, fue la espera.

Todos esos cuartos oscuros fueron situaciones difíciles para ellos, procesos a través de los cuales Dios reveló su imagen en ellos, imprimiendo virtudes en sus corazones que no podrían haberse obtenido en otro lugar. En definitiva, hay virtudes que solo se imprimen en nosotros pasando por la oscuridad.

En el siguiente espacio, describe o dibuja alguno de los cuartos oscuros por donde tuviste que pasar. Piensa en aquella situación difícil que parecía que te iba a destruir, pero que terminó haciéndote crecer.

¿CÓMO FUE TU CUARTO OSCURO Y QUÉ VIRTUD FUE REVELADA EN TI?

FINALMENTE, RECORTA LA IMAGEN Y MÉTELA EN LA «CAJA DE TU VIDA».

No te Destruyó, te hizo crecer

¿QUIERES perfumar A JESÚS?

> «De cierto os digo que dondequiera que se predique este evangelio, en todo el mundo, también se contará lo que ésta ha hecho, para memoria de ella».
> (Mateo 26:13)

AQUEL DÍA FUE INOLVIDABLE. INOLVIDABLE PARA JESÚS.

El acto de aquella mujer dejó una huella en la historia de la humanidad, pero lo más sorprendente es que dejó una huella en el corazón de Jesús. Y creo, sinceramente, que lo segundo es mucho más difícil que lo primero. Lo que ocurrió en aquella habitación tuvo tanto impacto para Jesús que dejó una marca en su memoria; y créeme si te digo que no es fácil impactar a Jesús. Pero ella lo hizo. El acto de aquella mujer fue tan significativo que Jesús dijo que su nombre quedaría ligado al suyo para siempre, que, en la historia de salvación de la humanidad, se añadiría un capítulo más solo para registrar aquel momento; que, en cualquier lugar del mundo donde se narrase su historia, se hablaría de lo que ella hizo por él. Y, sin lugar a duda, así ha sido; porque el nombre de aquella mujer ha quedado escrito en la Biblia por generaciones. No obstante, lo realmente significativo es que su nombre ha quedado escrito en el corazón de Jesús por la eternidad.

SU NOMBRE ES MARÍA DE BETANIA.

Si es sorprendente que dos mil años después —muy lejos de cuando ocurrieron los hechos— yo esté hablando de ella a través de las líneas de este libro, más sorprendente es que en el cielo aún se habla de ella. Estoy convencidísimo de eso. Su nombre ha quedado registrado en el salón de la fama celestial, aunque no estuvo en la lista de los doce apóstoles ni realizó ningún milagro sobrenatural; aunque no lideró masas, ni emprendió un proyecto mediático; es famosa porque quebró un frasco de alabastro y derramó su perfume sobre Jesús.

Muchas veces, lo aparentemente insignificante es lo realmente transcendente. Pero cuanto nos cuesta entender esto: que intentar impresionar al mundo con lo que poseemos nos brinda una fama efímera, pero quebrarnos y derramar lo que somos sobre Jesús nos brinda una fama eterna. Quizá esa sea una de las decisiones más difíciles de tomar: ¿dónde quieres dejar tu nombre escrito? ¿En una revista o en el corazón de Jesús?

MARÍA DE BETANIA LO TENÍA CLARO.

> «Estando él en Betania, en casa de Simón el leproso, y sentado a la mesa, vino una mujer con un vaso de alabastro de perfume de nardo puro de mucho precio; y quebrando el vaso de alabastro, se lo derramó sobre su cabeza».
> (Marcos 14:3)

Allí estaba Jesús. Cenando en la casa de Simón el leproso, en la aldea de Betania, acompañado por sus discípulos y algún que otro espectador curioso. Parecía una reunión formal, una más de tantas cenas protocolarias, hasta que, de repente, María entró en la habitación y rompió el protocolo.

NO EXAGERO AL AFIRMAR QUE PROVOCÓ UN AUTÉNTICO ESCÁNDALO. UN ESCÁNDALO MEMORABLE.

¿Has estado alguna vez envuelto en una escena de las que te provoca vergüenza ajena? Alguien en la habitación está haciendo algo que no debería hacerse, que rompe las normas sociales establecidas, y no quieres mirar porque te resulta incomodísimo, porque se supone que eso que está haciendo está fuera de lugar. ¡Querido lector! No puedo exagerar al afirmar que lo que hizo María fue escandaloso. Entró a aquella reunión aburrida, de personas sofisticadas que sabían mantener la compostura, y rompió el protocolo. Y, al hacerlo, se volvió inolvidable para Jesús, como si le hubiesen dado el mejor regalo de su vida. Épico.

María entró, sorpresivamente, en la habitación y se echó a los pies desnudos de Jesús para besarlos con devoción, como un acto de agradecimiento apasionado, como una señal de honra a aquel hombre que significaba tanto para ella. Estaba tan emocionada que el llanto que brotaba de sus ojos parecía un manantial y, cuando quiso darse cuenta, había empapado los pies de Jesús con sus lágrimas ardientes. Todo el amor que había en su corazón para Jesús se derramaba por sus ojos como lluvia de verano, sorprendiendo a todos en aquel lugar, quienes no estaban preparados para aquel aguacero de pasión.

Un poco avergonzada por haber mojado sus pies, se quitó el velo que llevaba sobre su cabeza y, soltando su larga melena, agarró su cabello como si fuese una toalla entre sus manos para secar los pies de Jesús. Eso fue aún más escandaloso, porque no estaba bien visto en aquella cultura que una mujer mostrase su cabello en público y mucho menos que lo usase como una toalla para secar los pies de un hombre. Mientras todos en la sala estaban estupefactos ante aquella escena extravagante, María se incorporó hasta que su rostro quedó a la altura del rostro de Jesús. Todo parecía en cámara lenta en aquel momento. María, con el corazón palpitando tan fuerte en su pecho que parecía que se le iba a salir, sacó del bolsillo de su vestido un frasco con sus manos temblorosas. Era un tarro de alabastro tallado, que contenía nardo puro, el perfume más preciado de aquella época. Aquel frasco era una joya en sí mismo, tallado en piedra blanca, translúcido y brillante. Una belleza de frasco.

Entonces, sin decir palabra por su boca, con sus ojos clavados en los ojos de Jesús, levantó sus manos y las puso sobre su cabeza. En ese momento, rompiendo el tiempo y el silencio, se escuchó el sonido de aquel frasco siendo quebrado en las manos de María, mientras el perfume se derramaba sin límites sobre la cabeza de Jesús.

Al tiempo que el ungüento corría por el cabello de Jesús, empapando su rostro y sus hombros, la habitación se llenó del olor del perfume. Sin embargo, a la par, en ese instante, la mente de los discípulos se llenó de indignación.

Aquella muestra de amor fervoroso por Jesús contrastaba tanto con la fría escena del lugar que, instintivamente, los discípulos sintieron la necesidad de defenderse. ¿Y qué mejor manera de hacerlo que juzgar la entrega de María para justificar su falta de pasión por Jesús?

—¡Qué desperdicio! —protestó Judas—. ¿Para qué quebrar el frasco y desperdiciar el perfume si pudo haberse vendido por más de 300 denarios? —preguntó efusivamente—. Es el equivalente al sueldo de un año de un trabajador de Jerusalén. Imaginad a cuántos pobres de la ciudad habríamos alimentado con ese dinero.

—¡Es cierto! —concluyeron los otros discípulos—. Qué gran desperdicio.

—¡Escuchadme! Debéis cuidar de los pobres —dijo Jesús, acallando la murmuración que llenaba la sala y haciendo pensar a todos que la mujer sería corregida por no haber invertido bien aquel tesoro—. Pero no excuséis vuestra escasa pasión por mí, argumentando que hay asuntos más prioritarios en el mundo —les exhortó—. Porque no hay nada más prioritario que amarme. Cualquier acto de amor hacia mí jamás será un desperdicio, será una inversión eterna que jamás os será quitada. Y, señalando a María, terminó diciendo: «Ignorantes. Ella no ha quebrado un frasco de perfume, en realidad, ha quebrado su corazón y se ha derramado a sí misma sobre mí».

Seguir el ejemplo de María nos hará dejar una marca en el corazón de Jesús, pero también nos estigmatizará delante de un mundo que considera tal devoción como un desperdicio.

¿QUÉ SIGNIFICA «DESPERDICIAR»?

Significa dar más allá de lo que es estrictamente necesario. Por esa razón, los otros creyeron que el acto de María era un desperdicio, porque rebasaba los límites de lo que ellos consideraban «suficiente amor».

Los que la vieron tirada a los pies de Jesús la juzgaron como exagerada. Pero ella amaba a Jesús más de lo que amaba su reputación.

Usó su pelo, el símbolo de la belleza de una mujer, para limpiar los pies polvorientos de Jesús. Pero ella amaba a Jesús más de lo que amaba su belleza.

Derramó sobre Jesús un frasco de perfume carísimo, del valor del salario de un año, probablemente, una posesión que representaba su plan de ahorro. Pero ella amaba a Jesús más de lo que amaba su estabilidad económica.

Ella se desperdició en Jesús porque lo amó sin límites, sin reservarse nada, desafiando los convencionalismos, con entrega absoluta..

Querido lector, en el momento en que María quebró aquel frasco y derramó el perfume sobre Jesús, en realidad, estaba representándose así misma quebrándose y derramándose. María estaba quebrando su alma —el recipiente de su reputación—, su belleza, su estabilidad, para derramar su espíritu sobre Jesús. Porque, como expliqué en capítulos anteriores, lo de dentro es más importante que lo de fuera, y así como el perfume no se libera si el frasco no se quiebra, el espíritu no se derrama si el alma no se quebranta.

En este punto, es posible que algunos lectores no sean capaces de asimilar lo que estoy intentando expresar metafóricamente: una vida quebrantada perfuma a Jesús.

María amaba a Jesús más de lo que amaba su alma y un amor así siempre deja perfumado a Jesús.

¿Te has dado cuenta de que nosotros recordamos a las personas que Jesús ha ungido con carisma, dones sobrenaturales y sabiduría? Pero ¿sabes a quiénes recuerda Jesús? A las personas que lo ungen a él, que se quiebran y se derraman sobre él. Jesús recuerda a los que se desperdician para perfumarlo a él, aun a riesgo de verse como fracasados delante de los demás por haber roto un precioso frasquito de alabastro.

¿Por qué digo «a riesgo de verse como fracasados delante de los demás»?

Porque, en este mundo, se cree que lo más importante es convertirse en un frasco bonito, con un precioso tallaje, adornado con oro y sellado con una marca de prestigio. Sí, querido lector. En este mundo, llegar a ser un frasco admirado por todos es considerado como el éxito, pero, en el mundo de Dios, el éxito está en elaborar un buen perfume. En el mundo de Dios, lo más importante es mezclar bien los ingredientes de las virtudes cristianas, proteger el ungüento de las moscas del pecado y, finalmente, permitir que el recipiente del alma se quiebre para que Jesús sea perfumado.

Créeme. No hay peor fracaso que tener éxito en las cosas equivocadas. Demasiados tienen éxito embelleciendo sus frascos, cuando el verdadero éxito está en hacer un buen perfume. El éxito no está en ser un frasco admirado por todos, sino en perfumar a Jesús a través de una vida quebrantada.

Tristemente, a veces, la Iglesia parece un museo de frascos impolutos. Quizá por eso no huele a perfume en nuestras reuniones, porque amamos demasiado nuestros frascos como para romperlos por amor a Jesús.

En este momento, la «Caja de tu vida» contiene una representación de todo lo que es valioso para ti.

Amas más a Jesús de lo que amas tu propia vida?

Como lo hizo María de Betania con aquel frasco de perfume, te invito a tomar la caja en tus manos, a arrodillarte frente a Jesús y a ponerla a los pies de tu amado.

Jesús está ahí, contigo. Realmente lo está. En ese lugar secreto que construiste para vuestro encuentro.

Jesús Valora nuestras Lágrimas Preciosas y como Perlas las Guarda en un frasco que atesora CERCA de su Corazón.

La Mesa en el valle Sombrío

Jamás hubiese imaginado encontrarme aquello en medio de la oscuridad, en ese valle sombrío en el que me había perdido durante tanto tiempo. No recordaba ya cuántas semanas, probablemente sería mejor contar el tiempo en meses, estuve perdida sola en la incertidumbre, hasta que inesperadamente un hombre prendió una vela con su encendedor y la llama iluminó una mesa con dos sillas.

Y, en contra de toda mi lógica, me di cuenta de que la mesa estaba servida con elegancia, preparada para la cena y yo era su invitada

—Tranquila —me dijo, mientras acomodaba la silla y me invitaba a sentarme en ella—. Todo saldrá bien, si Dios quiere.

En ese momento, se formó un silencio incómodo. Porque esas palabras detonaron todas mis dudas y mis miedos una vez más en mi cabeza, hasta que yo rompí el silencio con la voz gastada de haber llorado tanto:

—¿Y cómo saber si Dios quiere?

Entonces, cuando él me servía una copa de vino lentamente, pude observar unos agujeros en sus muñecas, y, mientras ponía aquella copa en mis manos temblorosas, se arrodilló a la altura de mi rostro caído y, traspasándome con su mirada, me dijo con una voz que jamás olvidaré:

—Querida, Dios soy yo.

NOTA MENTAL

El peligro del valle sombrío no es que la oscuridad te rodee.
   El peligro es que la oscuridad se te meta dentro del corazón y pierdas tu luz interior.
   Cuando te pierdas dentro de ti, en la densa y oscura niebla de la tristeza, grita hasta que alguien te encuentre.

POR FAVOR, GRITA HASTA SER ENCONTRADO. Esa maldita OSCURIDAD EN TU ALMA crece con TU SILENCIO. ROMPE EL silencio o EL SILENCIO terminará ROMPIÉNDOTE a TI.

Ahora tú.

Algunas personas que te rodean, cuando te ven sufrir y no saben qué decir, dicen frases como esta:

«No te preguntes: ¿por qué?
Pregúntate: ¿para qué?».

Pero, cuando uno está sufriendo una tragedia de las de verdad, es difícil ver propósito en el dolor. Y esa pregunta puede convertirse en una trampa para tu corazón.

Lo que a mí me ha ayudado es preguntarme: «¿Con quién? ¿Con quién estoy transitando por este valle sombrío?».

Y la respuesta que siempre he obtenido de la boca de Jesús es: «Conmigo».

Para reforzar esta verdad en tu alma, es el momento de sentarte a la mesa con Jesús y tomar el pan y el vino con él. Jesús te invita a sentarte en su mesa, en medio del valle sombrío.

Este será un encuentro muy íntimo entre Jesús y tú, por lo que escoge el lugar y el momento adecuado.

Prepara la mesa con un poco de pan y una copa de vino (o jugo de uva). Si quieres, puedes decorar la mesa y ambientar con algo de música de adoración.

Mientras tomas el pan y el vino —símbolos del sacrificio de Jesús que te revelan su amor salvaje por ti—, lee el Salmo 23 y personalízalo.

No olvides poner la «Caja de tu vida» sobre la mesa y conversar con Jesús sobre ella.

Día 20 //

Mira las Estrellas

> «Y lo llevó fuera, y le dijo: Mira ahora los cielos, y cuenta las estrellas, si las puedes contar. Y le dijo: Así será tu descendencia».
> (Génesis 15:5)

Era de noche y estaba muy oscuro, pero no me refiero al cielo sobre él, sino a dentro de su alma. Un hombre llamado Abraham estaba inmerso en una tristeza sombría y, escondido en su tienda de campaña, lloraba desconsoladamente. Era una larga noche de insomnio, no la primera, pero sí la más lóbrega que había vivido, en la que sentía que su gran sueño se desvanecía.

Muchos años antes, Dios le había prometido que le bendeciría para que su descendencia bendijera al mundo entero. Le prometió que, a través de él, serían benditas todas las familias de la tierra. En aquella época, era joven y recibió la promesa divina con entusiasmo, pero los años habían pasado, arrugas adornaban su rostro, bajo su cabello blanco, pero la promesa no se había cumplido. Aunque, ciertamente, Abraham era un hombre próspero, tremendamente rico y cuya fama se extendía por todas partes, no tenía hijos. Ni siquiera uno. Y, en aquella época, tener hijos que continuasen con el legado significaba transcender más allá de la muerte, y no tener hijos significaba el olvido. De hecho, se creía que no tener hijos era una especie de castigo divino, una señal inequívoca de estar maldito por Dios. Abraham se sentía confuso, todo aquello era contradictorio para él. Dios le prometió bendición, pero parecía estar bajo una maldición.

«¡Hasta los hombres malos tienen descendencia!», se decía a sí mismo en su diálogo interior. «¿Cómo voy a bendecir al mundo entero si, cuando me muera, no quedará nadie que continúe con lo que yo he comenzado?».

Parecía que la promesa de Dios se desvanecía con el paso de los años, como una vela que se va apagando poco a poco. Y Abraham se sentía abrumado por la oscuridad de un futuro incierto.

Todo estaba oscuro y, en aquella pequeña carpa, Abraham derramaba sus lágrimas más amargas, mientras su corazón se ahogaba en un mar de dudas. Ensimismado, inmerso en sus argumentos pesimistas, su mente se encontraba tan encerrada en sus propios pensamientos como su cuerpo se encontraba encerrado en aquella tienda de tela. Estaba preso dentro de su propia mente, porque las peores prisiones no están hechas de barrotes de hierro, sino de pensamientos.

—¡Dios! ¿Acaso no lo ves? —sollozaba—. Mi mujer es estéril, yo soy un viejo sin fuerzas y seguimos sin heredero. Todo lo que tenemos y todo lo que somos quedará en el olvido.

No quiso decirlo, pero por su mente se asomaba el pensamiento de que Dios estaba fallando a su promesa.

—No, Abraham. El que no está viendo eres tú —le contestó Dios con ternura—. Sal de tu tienda y mira las estrellas.

Cuando Dios le dijo «sal de tu tienda y mira las estrellas», lo que le estaba diciendo, en realidad, es: «Sal de tu ensimismamiento y cambia de perspectiva». Dentro de aquella tienda, Abraham no podía ver más allá del techo que estaba a dos metros de su cabeza. De la misma manera que no podía ver más allá de sus propios límites mentales. Dios sabía que no podía tener una conversación con Abraham sobre sus grandiosos planes hasta que él no saliese de su pequeñez mental. Dios necesitaba liberarle de la prisión invisible de su mente, y, para ello, tenía que cambiar la perspectiva de Abraham, cambiar su enfoque —del tamaño de sus desafíos— al tamaño de Dios. Por eso, le sacó de la tienda, para forzarle a salir de su ensimismamiento, para que dejase de mirar su propio ombligo y mirase la Gloria de Dios.

No me entiendas mal, los desafíos de Abraham eran reales. Su mujer era estéril y él era un anciano. Desde una perspectiva meramente humana, era un caso perdido, pero, desde la perspectiva divina, era una oportunidad de que Dios se diese a conocer al mundo como el «Dios de los imposibles».

MUCHAS VECES, SE TRATA DE UNA CUESTIÓN DE PERSPECTIVA.

Entonces, Abraham salió de aquella tiendita y levantó la mirada más alto. Salió de su ensimismamiento y su perspectiva cambió dramáticamente. Salió de él mismo y contempló quién era Dios, mientras estimaba la grandeza del cosmos. Intentó, por unos minutos, contar el número de aquellas estrellas que decoraban el firmamento y le fue imposible. Y entendió que, de la misma boca de la que salió la promesa, salieron todas aquellas incontables estrellas. Ciertamente, sus desafíos eran grandes, pero su Dios... Su Dios era colosal. Aunque todo el universo conspirase en su contra, el arquitecto del espacio, el tiempo y la materia estaba a su favor y le había hecho una promesa.

Cambiar de perspectiva, de nuestros problemas a nuestro Dios, siempre lo cambia todo.

En medio de aquella noche oscura, mirar la luz de las estrellas prendió la luz de la esperanza en su alma. Hasta que amaneció.

¿Y TÚ? ¿TE ENCUENTRAS INMERSO EN LA NOCHE OSCURA DEL ALMA?

NO MIRES A tus PROBLEMAS tus ANGUSTIADORES tus DEUDAS tus COMPLEJOS

MIRA A TU DIOS. Contempla su GRANDEZA Y CUENTA A TUS Desafíos QUIÉN es DIOS.

Mira Las Estrellas: El que Gobierna el universo es Tu Papá

Mira cómo las promesas de Dios resplandecen en medio de la oscuridad de un futuro incierto, como las estrellas en la noche. Mira sus promesas porque son las lumbreras que te guiarán en tu noche más oscura. Cambia tu perspectiva. Deja de contar tus problemas y empieza a contar sus promesas, son tantas como los astros que adornan el cielo.

Es cierto, la noche nos produce miedo, pero solo en la oscuridad se ven las estrellas, así como solo en la incertidumbre brillan sus promesas.

Con una palabra de su boca se encendieron las luminarias del cosmos, por lo que deberían apagarse todas las estrellas del universo antes de que Dios falle a las promesas que salieron de su boca.

NO QUEDARÁS EN EL OLVIDO. NO SÉ CÓMO LO HARÁ PERO DIOS LO HARÁ,

☐ *Ahora tú.*

ES EL MOMENTO DE CREAR EL MURAL DE TU FUTURO.

En la siguiente página —usando pinturas, recortes de revistas y cualquier elemento creativo que tengas—, haz un *collage* y expresa con tu arte cómo deseas que sea tu futuro. Se trata de representar tus sueños y las promesas que Dios te ha dado.

¿CÓMO SERÁ TU FAMILIA?
¿QUÉ ESTARÁS HACIENDO?
¿QUÉ HABRÁS LOGRADO?
¡VAMOS! ESFUÉRZATE EN SER CREATIVO.
SE TRATA DE TU FUTURO.

¡SUEÑA!

DESPUÉS, RECORTA LA PÁGINA
Y MÉTELA EN LA «CAJA DE TU VIDA»

No olvides sacarle una foto y compartirlo en tus redes con el hashtag #SOYINCENDIARIO. ¡Y etiquétame para que pueda verlo! ¡Quiero verlo!

NOTA MENTAL

SE VALE LLORAR, PERO NO TODA LA VIDA

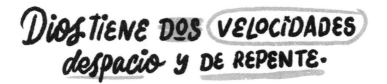

UNA ⏸ PAUSA

HAZTE AMIGO DE TU CUERPO.

La mayoría de las personas tiende a descuidar su cuerpo: lo utilizan mientras pueden, abusan de él, lo dañan con mala alimentación y lo envejecen con estrés. Y, cuando el cuerpo les falla, se quejan de él.

Para comprender mejor cómo tratas a tu cuerpo, plantéate primero estas preguntas:

¿Cómo te ha cuidado tu cuerpo todos estos años? Piensa en cómo te ha llevado de un sitio a otro, cómo te ha dado placer, cómo te ha mantenido con vida... Ha sido el vehículo para tu alma.

A cambio, ¿cómo has cuidado tú a tu cuerpo todos estos años?

¿Lo alimentas bien?
¿Haces ejercicio?
¿Lo mimas de vez en cuando?

O, por el contrario,
¿te has olvidado de su salud y has sido crítico con él?

¡Es el momento de hacerte amigo de tu cuerpo!
Si tu cuerpo fuese tu mejor amigo, ¿cómo lo cuidarías?

Imagina que tu mejor amigo te viene a visitar. ¿Cómo planificarías el día juntos? En las próximas veinticuatro horas, trata a tu cuerpo como si fuese tu mejor amigo que viene de visita. Planifica cómo vas a honrar vuestra amistad. Lo estoy diciendo en serio, plantéate cómo tener un día de amistad con tu cuerpo.

Puedes darle un baño relajante, sacarlo a pasear a la montaña, dedicarle una sesión de belleza, regalarle una buena siesta...

En las próximas veinticuatro horas, tienes permiso para mimar tu cuerpo. No olvides darle de beber mucha agua y hacer treinta minutos de actividad física.

Piensa en algo especial que no hagas habitualmente, porque es un día especial con tu cuerpo.

EVALÚA EL DESAFÍO INCENDIARIO DE LA SEMANA

¿HAS CREADO LA «CAJA DE TU VIDA»?

0   10

DE 1 A 10 MIDE TU IMPLICACIÓN EN EL DESAFÍO.

¿QUÉ HAS APRENDIDO CREANDO ESTA CAJA QUE REPRESENTA QUIÉN ERES?

¿LA VAS A MANTENER Y LA VAS A SEGUIR LLENANDO CON SÍMBOLOS IMPORTANTES DE TU VIDA EN LOS PRÓXIMOS AÑOS? (IMAGINA ENSEÑARLE ESTA CAJA A TU FUTURA PAREJA, HIJOS O NIETOS).

Quiero hacerte un último desafío esta semana: abre la caja frente a una persona importante en tu vida, alguien con quien sientas una conexión especial, y háblale de ti usando los símbolos que están dentro. Elige bien a la persona, debe ser alguien a quien puedas revelarle algo tan íntimo porque sabes que lo valorará.

4

Semana
Cuatro

Confía en
Dios

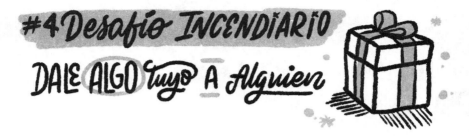

#4 Desafío INCENDIARIO
DALE ALGO tuyo A Alguien

Cuando cumplí dieciocho años, conseguí un trabajo temporal que me proveyó de mi primer salario. Solo fueron un par de meses, pero nunca había tenido tanto dinero en mis manos. Estaba entusiasmado con todos esos billetes en mi bolsillo y me pudo la emoción. ¿Sabes lo que hice? En un impulso estúpido, gasté todo mi dinero comprando un teléfono móvil de última generación (créeme, en aquella época eran carísimos). Ahora, sé que no era lo suficientemente maduro como para administrar con inteligencia todo ese dinero y lo malgasté en algo que no necesitaba realmente. Un capricho.

Recuerdo que poco después de gastarme todo el dinero que tenía en aquel teléfono móvil, Dios me habló en una reunión de oración. Fue tan clara su voz que no podía negarla. Dios me dijo que regalase mi teléfono a una persona concreta que estaba en aquel lugar. Sinceramente, ¡no podía creer lo que Dios me estaba pidiendo! ¿Darle aquello en lo que me había gastado todo mi dinero a otra persona? ¡Era mío! O, en realidad, ¿yo era de él? Lo que poseía terminó poseyéndome.

Me fui de aquel lugar sin obedecer a la voz de Dios y negándome a hacerlo.

Lo más fuerte fue que, desde el momento en el que Dios me habló, perdí la capacidad de disfrutar de aquel teléfono. Lo miraba y no me sentía feliz de poseerlo; sin embargo, de alguna manera, me sentía aferrado a él. Poseído por él. Sabía que eso me estaba pasando a causa de mi desobediencia.

Finalmente, comprendí que debía obedecer, aunque no pensaba que fuera a obtener nada bueno de ese acto de obediencia.

Aun así, lo hice, di aquel teléfono a la persona que me había señalado el Espíritu Santo. Lo que ocurrió en mi corazón, en ese momento, aún lo recuerdo hasta hoy: me sentí extrañamente feliz. Experimenté la evidencia de la promesa que Jesús pronunció sobre los generosos, cuando dijo: «Hay más bendición en dar que en recibir» (Hechos 20:35, NTV). ¡De verdad! Me sentí alegre al ver la cara de aquella persona sorprendida con mi inesperado regalo y me seguí sintiendo feliz cada vez que la veía usando el teléfono. Fue maravilloso.

Recuerdo que me dijo lo mucho que significaba para ella, que Dios le estaba transmitiendo un mensaje de valor a través de mi regalo. Ahora, sé que, en realidad, el más beneficiado por ese acto de generosidad fui yo. Descubrí la extraña alegría del dar, la bendición de la generosidad.

Por esa razón, el desafío incendiario de esta semana es darle algo tuyo a alguien. Repito, algo tuyo, no algo comprado, no dinero, no un vale regalo. Algo tuyo, que te pertenece, que te cueste esfuerzo dar porque es tuyo. Cuyo valor radique en que para ti es algo realmente valioso (y no hablo del precio, eso no importa), para que, al darlo, estés dando un trocito de tu corazón. Se trata de experimentar la alegría del dar que se obtiene justo después del dolor del dar. Créeme, será memorable si lo haces como el Espíritu Santo te indique. Muchas veces, el deseo de Dios es liberarte de aquellas pertenencias que han terminado poseyéndote a ti.

¿CÓMO lo HARÁS?

DURANTE LOS PRÓXIMOS SIETE DÍAS, PREGUNTA AL *Espíritu Santo* QUÉ DAR Y A QUIÉN DARLO. CUANDO LO TENGAS CLARO, OBEDECE.

Día 22 //

Adora EN TU NOCHE oscura

Allí estábamos, mi amigo y yo sentados frente a frente en la mesita de aquella cafetería. Hacía minutos que el café se había quedado frío y aún no le habíamos dado ni un sorbo de cortesía. Ni se lo íbamos a dar. Porque, cuando ocurren tragedias como esa, se te encoje el estómago.

«Como un balazo en el pecho». Así es como describió el dolor que sintió cuando le dieron la noticia de que su esposa se estaba muriendo. «Parece mentira que un cáncer la esté devorando por dentro y a pesar de eso se vea tan guapa», añadió.

Y ES VERDAD LO QUE DECÍA MI AMIGO.

Donde antes tenía una melena castaña, ahora tenía un pañuelo rosado, pero créeme si te digo que estaba preciosa. Su rostro estaba iluminado, como el rostro de un ángel. Los médicos decían que se estaba apagando, pero para todos los que compartíamos unos momentos con ella era evidente que su luz era eterna. Esa extraña belleza, en medio de su fragilidad, era cautivante. Pero, por favor, no me entiendas mal, todos éramos conscientes de lo que estaba pasando y ella más que ninguno. Tenía días donde experimentaba un terrible dolor y se desmayaba en los brazos de su marido. Otras veces, sus piernas no podían sostenerla en pie durante mucho tiempo y su cuerpecito parecía que se iba a romper en cualquier momento, pero, cuando volvía a mirarnos con esos ojos llenos de luz, ella parecía indestructible. No obstante, siendo honesto, todos sentíamos terror al pensar que cualquier día esos ojos no volverían a abrirse y su luz se marcharía a otro mundo.

«La amo más de lo que jamás pensé que podría amar a alguien, y no me puedo imaginar una vida sin ella». Me dijo con voz entre-

174

cortada, mientras se echaba las manos a la cara y se dejaba caer sobre la mesa, volcando la taza de café sobre el mantel.

Entonces, sus lágrimas ardientes se mezclaron con el café frío.

Ese hombre que lloraba sin consuelo delante de mí era una de las personas más valientes que he conocido. En ese momento, llevaba meses luchando contra ese maldito cáncer —que persistía en extenderse por el cuerpo de su esposa—, llevándola a cirugías y quimioterapias, recorriendo los pasillos del hospital, aprendiéndose la receta de todos los tratamientos de oncología. Era agotador. Y creo que era terriblemente injusto para mi amigo recién casado tener que usar el calendario colgado en la cocina para anotar sus citas médicas y las tomas de medicamentos, en vez de sus escapadas románticas y/o la lista de la compra. Se me parte el corazón al pensar en ello.

Sinceramente, sería fácil enfadarse con Dios en una situación como esa. Pero, para mi asombro, levantó su rostro de la mesa para mirarme fijamente a los ojos y me dijo algo que no he podido olvidar hasta el día de hoy:

–A veces, la vida es una M**RD* –

–Balbuceó mientras se secaba las lágrimas con sus manos temblorosas: pero sé que Dios es bueno. LO SÉ.

Cuando escuché aquellas palabras brutalmente honestas, me sonaron a adoración. Lo digo en serio, pura adoración. Me pareció que aquella declaración de confianza en la bondad de Dios, a pesar de que parecía que no hacía nada para evitar su dolor, era digna de formar parte de los salmos de la Biblia. Porque mi amigo decía lo que estaba sintiendo cuando todo en su mundo se estaba desmoronando, como también lo expresaban los salmistas. Ellos y él podían dudar de todo excepto de esto: «Aunque no lo entienda, Dios sigue siendo bueno». Es cierto, querido lector. A veces, la vida es una auténtica «mierda», pero Dios siempre es bueno. Siempre.

Y, mientras nos mirábamos, adoramos a Dios en silencio, sin entonar ni una canción, llorando juntos sobre el café.

A todos, tarde o temprano, nos tocará experimentar una crisis espiritual tan fuerte que va a hacer temblar los cimientos de nuestra fe. En ese momento, cuando nos sentimos incapaces de afrontar lo que está ocurriendo, nuestras certezas desaparecen y parece que hay un telón de acero entre Dios y nosotros. La oración se siente fría y la Biblia vacía. A ese momento de desolación, donde somos invadidos por una sensación de abandono divino, lo conocemos como la «noche oscura del alma». Muchos cristianos sinceros han hablado de su noche oscura del alma en sus diarios personales.

Los salmos están repletos de versos como este, los cuales parecen que no se escribieron con tinta, sino con lágrimas:

«Dios mío, Dios mío, ¿por qué me has desamparado? ¿Por qué estás tan lejos de mi salvación, y de las palabras de mi clamor? Dios mío, clamo de día, y no respondes; y de noche, y no hay para mí reposo. Pero tú eres santo, tú que habitas entre las alabanzas de Israel».
(Salmos 22:1-3)

El salmista expresa su angustia ante la sensación de abandono divino, pero, la pregunta es: ¿realmente ha sido abandonado? Sin duda, a él le parece que sí, en ese momento. Porque una noche oscura es sombría para nuestra alma, ya que no tenemos garantías de que lo que está ocurriendo tenga sentido y, en última instancia, pueda ser beneficioso de alguna manera. Somos despojados de nuestro mundo tal cual lo conocemos y parece que Dios no hace nada para evitarlo. De hecho, parece que ya no está. Pero si algo nos revelan las historias de sufrimiento de los protagonistas de la Biblia es que Dios no nos ha abandonado, permanece a nuestro lado, pero en silencio.

EN LA NOCHE OSCURA, DIOS SE QUEDA EN SILENCIO. ¿QUÉ SIGNIFICA EL SILENCIO DIVINO? ¿POR QUÉ PERMANECE MUDO ANTE NUESTRO CLAMOR? ¿DURANTE CUÁNTO TIEMPO ESTARÁ CALLADO?

Son preguntas cuyas respuestas sigo buscando. Lo que sí he descubierto en mis propias noches oscuras es que, cuando Dios guarda silencio, es porque está concentrado, haciendo algo en mi alma. Como un cirujano en el quirófano, operando a corazón abierto, permanece callado. Su silencio es señal de que está haciendo algo delicado, algo que requiere precisión. Tú no querrías que tu cirujano estuviese cantándote al oído, mientras opera tu corazón, ¿o sí?

Por esa razón, el motivo por el cual Dios no sana instantáneamente nuestras heridas es porque sabe que el camino más directo a nuestro corazón es a través de ellas. No se puede operar el corazón si no se abre una herida primero, es imposible llegar hasta allí sin un corte. El cirujano que te sana primero te hiere. No hay otra vía para llegar hasta allí. La herida es el camino a través del cual el cirujano divino entra a las profundidades de nuestro ser y lo opera. El sufrimiento es el bisturí a través del cual Dios alcanza nuestro centro: allí donde se entretejen nuestra mente, voluntad y emociones; donde se esconde nuestra identidad, para hacer un cambio profundo en nuestro ser. La noche oscura es el quirófano de Dios.

YESTÁ EN SILENCIO. ES NECESARIO QUE SEA ASÍ.

En la Biblia, no hay una promesa de inmunidad al sufrimiento para el creyente, sino una promesa de acompañamiento, de presencia divina en medio de la noche oscura, aunque no la puedas sentir.

Si tomas en serio la Biblia, solo si la tomas en serio y no como un amuleto de la buena suerte y la prosperidad, observarás un patrón que se repite constantemente en el relato: Dios dejó sufrir a aquellos que amaba y usó ese sufrimiento como una herramienta para formar algo eterno en sus corazones. Si leyeses la Biblia con un subrayador en la mano, marcando todos los lugares donde el sufrimiento estuvo presente en la vida de aquellos que Dios amaba, tu Biblia estaría llena de marcas. Dime cualquier personaje de las Escrituras y te señalaré, instantáneamente, momentos de angustia, fracaso, pérdida y dolor. Pero todo ese sufrimiento en manos de Dios, en vez de destruirlos, fue usado para formar algo eterno en sus corazones. Déjame matizar que Dios no provoca el dolor, pero lo usa a su favor. De hecho, las virtudes cristianas más preciadas se desarrollan en atmósferas de dolor. ¿Cómo desarrollarías la virtud del perdón sin el dolor de la ofensa? O, ¿cómo desarrollarías la virtud de la humildad sin el dolor de la humillación?

EN UNA OCASIÓN, LE PREGUNTÉ a JESÚS: «¿POR QUÉ permites QUE Tu IGLESIA sufra TANTO?» A LO QUE JESÚS ME RESPONDIÓ: «PORQUE quiero UNA ESPOSA que ENTIENDA MIS heridas».

El Cristo que fue herido en la cruz anhela una Iglesia herida, el esposo busca una esposa a la que pueda mostrarle sus cicatrices y ella le pueda mostrar las suyas, que sea capaz de identificarse con él, no solo en su triunfo, sino también en su dolor. Comprenderlo. Aquel que sufrió desea una Iglesia experimentada en sufrimiento, con la que pueda profundizar, no una niña de conversaciones superficiales, no una caprichosa que espera de Jesús que le conceda todos sus antojos. Quiere hablar de sus heridas con ella y que ella pueda entenderlas. Mirarlo a los ojos con pasión y susurrarle al oído «yo también».

El sufrimiento siempre nos transformará el corazón, lo embellecerá o lo corromperá, pero no lo dejará igual. Por favor, presta atención a esto que te escribo. Debido a que, en la noche oscura, nuestro corazón queda tan vulnerable, es el momento en el que Dios puede operarlo, pero también es el momento en el que Satanás puede corromperlo. Mucha gente, mientras está en el quirófano de la noche oscura, con su corazón expuesto totalmente, es infectada por una terrible bacteria satánica llamada «amargura». Ese es el riesgo de la operación a corazón abierto: que se contamine con la amargura. Las consecuencias de esta infección son devastadoras para nuestro corazón, porque la amargura libera sus toxinas en nuestro sistema, tales como el enojo contra Dios, la pérdida de sensibilidad, la ira desenfrenada, los pensamientos de muerte y muchos otros males.

Entonces, ¿cómo mantener el quirófano antiséptico? ¿Cómo proteger el corazón de la infección de la amargura, mientras estamos siendo operados? La respuesta te puede sorprender: adorando a Dios en tu noche oscura.

Imagino que leer esto te puede parecer una auténtica locura, pero he comprobado que la adoración a Dios, en medio del sufrimiento, protege nuestro corazón de la amargura. Adorar a Dios en la noche oscura creará una atmósfera de protección para tu corazón, impedirá que sea contaminado, lo mantendrá seguro. Satanás no logrará infectarte, mientras crees una atmósfera de adoración. Supongo que por esa razón los salmistas componían himnos de adoración a Dios en medio de su dolor, porque al hacerlo protegían su corazón de ser corrompido.

Incluso Jesús, en su noche más oscura, adoró. Entendió que, para transitar por la penumbra de aquella noche sin ser contaminado, debía blindar su corazón con adoración.

«Y cuando hubieron cantado el himno, salieron al monte de los Olivos. Entonces, Jesús les dijo: Todos vosotros os escandalizaréis de mí esta noche; porque escrito está: Heriré al pastor, y las ovejas del rebaño serán dispersadas».
(Mateo 26:30, 31)

Aquella noche, Jesús iba a ser traicionado por uno de sus discípulos con un sucio beso y, a pesar de que lo sabía, adoró.

Aquella noche, Jesús iba a ser abandonado por los que le prometieron estar a su lado y, aunque era consciente de ello, adoró.

Esa noche, Jesús iba a ser condenado al grito de «¡crucifícalo, crucifícalo!» por el pueblo que tanto amaba y, aun sabiéndolo, adoró.

En aquella noche oscura, cuando parecía que el mal prevalecería sobre el bien, Jesús adoró. En la noche donde sudaría gotas de sangre y temblaría de miedo bajo un olivo en Getsemaní, Jesús cantó un himno. En la penumbra nocturna, cuando le asaltarían las preguntas y las dudas, Jesús entonó un salmo. Enseñándonos a todos nosotros que, para transitar por la oscuridad sin contaminarnos el corazón, debemos hacerlo adorando a Dios, aunque no entendamos lo que está ocurriendo, cantando himnos con la voz desgarrada, entonando nuestro propio salmo escrito con lágrimas. La adoración es el único lugar seguro para tu corazón, en medio de la noche oscura.

Y, si te sientes solo en medio de la oscuridad, recuerda que, aunque guarde silencio, Jesús no te ha abandonado y además puede identificarse con tu dolor porque él también se sintió solo en la cruz.

> «Jesús clamó a gran voz, diciendo: Elí, Elí, ¿lama sabactani? Esto es: Dios mío, Dios mío, ¿por qué me has desamparado?».
> (Mateo 27:46)

No hay nada que me dé más esperanza en medio de la tenebrosa oscuridad que esto: saber que Jesús se identifica con mi dolor, que estuvo allí y que sabe cómo se siente. Jesús atravesó las entrañas del monstruo y me promete que hay luz al otro lado. Eso es suficiente para mí.

Fanny Crosby, autora de 8.000 de los himnos que se entonan en nuestras capillas, fue ciega desde su nacimiento. ¿Puedes imaginar una oscuridad más persistente que esta? Pero, en vez de sumergirse en la amargura de su situación, dijo lo siguiente:

> «Parece destino de la providencia bendita de Dios que yo tenga que estar ciega por toda la vida y yo le agradezco por

esta dispensación. Si mañana me ofrecieran una perfecta vista terrenal, yo no la aceptaría. Quizá no cantaría himnos de alabanza a Dios si fuera cautivada por la belleza que me rodea. Si pudiera elegir, elegiría estar ciega... Porque, cuando muera, el primer rostro que veré será el de mi bendito Señor».

Por cierto, ¿quieres saber lo que ocurrió con la esposa de mi amigo? Ella adoró en la noche y, al amanecer, se encontró cara a cara con el que adoraba. Ella transitó valientemente a través del valle sombrío y, al otro lado, encontró el lugar donde Dios «enjuga toda lágrima de los ojos, donde ya no hay muerte, ni hay más llanto, ni clamor, ni dolor» (Apocalipsis 21:4). En aquel lugar, no anochece nunca, porque la bondad de Dios lo ilumina todo. Para siempre.

Estoy seguro de que el primer minuto en aquel lugar compensará un millón de años de sufrimiento. Si estás sufriendo, recuerda que ninguna de tus tristezas tiene vida eterna, pero tu alegría sí.

Cuando comienzas a experimentar ciertas crisis en tu vida, empiezas a leer las historias de la Biblia de otra manera y de repente te encuentras a ti mismo reflejado en ellas. Lees esa historia, que tantas veces habías leído antes, pero, ahora, comprendes la angustia del protagonista y dices: «¡Aquí estoy yo! ¡Esta es mi historia!».

Por ejemplo, cuando experimentas una enfermedad que Dios no sana, entonces empiezas a entender las preguntas de Job. Cuando esperas durante años el cumplimiento de una promesa divina, entonces te identificas con las dudas de Abraham. Cuando tu familia te traiciona o se convierte en tu enemigo, entonces comprendes las lágrimas de José. Sin duda, cuando empiezas a experimentar crisis en tu vida, la Biblia cobra un significado nuevo para ti, y algunos textos, que antes no significaban mucho, ahora se convierten en la voz de tu alma. Le ponen palabras a aquello que no sabes expresar y sus historias se convierten en tu profecía.

PIENSA Y RESPONDE:

¿TE SIENTES IDENTIFICADO CON LA VIVENCIA DE ALGÚN PERSONAJE DE LA BIBLIA?

_____

_____

¿POR QUÉ RAZÓN TE IDENTIFICAS CON ÉL?

_____

¿CUÁL ES LA PROFECÍA QUE EXTRAES PARA TI DE SU HISTORIA?

_____

_____

Día 23 //

El Miedo HUELE

NO ES MALO TENER MIEDO, LO MALO ES QUE EL MIEDO TE TENGA A TI.

Mi padre me dijo que el miedo huele, parece extraño, pero tiene un olor. Me lo dijo cuando era apenas un niño de diez años y caminábamos juntos rumbo a alguna parte. Pasamos junto a unas casas de gente adinerada, custodiadas por perros aterradores. O, al menos, así me lo parecían a mí: monstruos con bocas enormes, colmillos afilados y lenguas salivantes. De repente, sin que lo esperásemos, una de esas bestias saltó desde una esquina como si nos estuviera cazando.

GRITÉ. ¡VAMOS QUE SÍ GRITÉ! Y ME ESCONDÍ DETRÁS DE LAS PIERNAS DE MI PADRE. ME SENTÍA INTIMIDADO POR LA AMENAZA DE SUS ENSORDECEDORES LADRIDOS.

Recuerdo que, cuanto más sollozaba yo, más fuerte ladraba ese maldito perro. Como si hubiese una conexión invisible entre mi angustia y su fiereza. Como si el perro pudiese escuchar los latidos de mi corazón, destrozándome el pecho, aceleradísimo por el pánico que sentía, y como si estuviese disfrutando con ello.

Fueron unos segundos, pero mi mente se había congelado. Estaba paralizado por el miedo. Entonces, mi padre se inclinó frente a mí y agarró mi cabeza entre sus manos, tiernamente fuerte, como solo un padre sabe hacerlo cuando se trata de enseñar una lección de supervivencia a su hijo, y, mirándome a los ojos, me dijo:

—El perro huele tu miedo —y añadió—: Y no dejará de gruñirte mientras pueda olerlo. Hijo, si vences al miedo que sientes dentro de ti, el perro dejará de ladrarte.

No sé si fue exactamente así como me lo dijo, pero así lo recuerdo hoy. Y, después, me señaló la cadena de acero que ataba a la bestia a un poste, la cual le impedía moverse más allá de un radio de tres metros.

—¿Ves su cadena? —me preguntó mi padre—. El miedo que sientes es una ilusión en tu cabeza que te hace creer que ese perro está suelto y puede herirte. Hijo, aunque es cierto que ese animal podría morderte si te acercas demasiado, mientras no cruces el límite, no podrá hacerte nada. —Y añadió con firmeza—: Tú tienes el control sobre esta situación y no ese animal, tú eres libre y él está encadenado.

Entonces, mi padre me agarró de la mano y me empujó un paso adelante. Yo estaba vacilante, pero lo que no olvidaré jamás es que, cuando dimos un paso al frente y después otro y después otro más, el perro se detuvo en su amenaza, como si ya no tuviese nada que hacer con dos caminantes que habían visto la cadena que lo retenía y no le tuviesen miedo a sus ladridos, que no eran más que ruido.

Y PASAMOS AL OTRO LADO DEL MIEDO. LLEGAMOS A NUESTRO DESTINO.

Ha pasado mucho tiempo desde aquel episodio y ahora soy padre de una niña de tres años llamada Alaia. Recientemente, mi hija lloraba en su cama, aterrada de miedo:

—HIJA, NO HAY NINGÚN MONSTRUO DEBAJO DE LA CAMA —LA CONSOLÉ MIENTRAS LA ABRAZABA CON FUERZA— LOS MONSTRUOS NO EXISTEN.

Cuando se quedó dormida, salí de la habitación con el peso de haberla engañado, porque, en realidad, los monstruos sí existen, solo que no se esconden debajo de la cama, sino dentro de nuestra cabeza.

Todos nos hemos encontrado con alguna bestia temible cuando éramos niños y me he dado cuenta de que, cuando crecemos, el perro que nos aterrorizaba pasa de vivir en el patio de una casa a vivir dentro de nuestras cabezas. ¡Sí! Parece que los monstruos que se escondían debajo de nuestra cama se mudan a nuestra mente y se esconden debajo de nuestros pensamientos.

Le preguntaron a Alfred Hitchcock, uno de los directores de cine de terror más aclamados, quien, en la época de las películas en blanco y negro, era capaz de provocar que los espectadores se agarrasen desesperadamente a sus butacas, cómo lograba crear esas escenas tan angustiosas para el espectador sin utilizar vísceras, monstruos y sustos. A lo que él respondió: «Mi estrategia para causar terror es no mostrarlo todo, sino dejar que el espectador lo imagine. En su mente, siempre será más terrorífico».

Cuánta razón tenía Alfred Hitchcock. En nuestra mente, siempre es más terrorífico. Y creo que hasta él estaría de acuerdo en darnos el óscar a mejor director por las películas de terror que, a veces, nos montamos en nuestra cabeza.

De hecho, los neurocientíficos han descubierto algo fascinante sobre nuestro cerebro: este no es capaz de distinguir entre aquello que vemos y aquello que imaginamos. Es decir, si con nuestros ojos abiertos vemos a un perro que nos ladra ferozmente en el mundo real o si con nuestros ojos cerrados imaginamos a un perro que nos ladra ferozmente en el mundo de nuestros pensamientos, se activan exactamente los mismos neurotransmisores en nuestro cerebro. Ergo, para nuestro cerebro, verlo o imaginarlo es lo mismo. En definitiva, nuestra realidad se construye más dentro de nosotros que fuera de nosotros, porque no vemos la realidad como es, sino como la pensamos. Y lo dramático de esto es que muchos están paralizados por un monstruo que solo existe en sus cabezas. Tu miedo puede estar hecho de pensamientos. No es real.

Es cierto que, en el mundo real, nos encontraremos con peligros reales que activarán la alerta del miedo en nuestra mente como mecanismo de supervivencia, pero la vida de muchos está siendo boicoteada porque la alerta está constantemente activada. Sonando, sonando y sonando en sus cabezas. Es como si la alarma del miedo se les hubiese estropeado y les estuviera alertando sin cesar por cualquier cosa. Y lo cierto es que, la mayoría de las veces, lo que allá afuera es un caniche, dentro de tu mente es un rottweiler.

Es posible que, como yo, convivas en tu mente con un perro feroz diseñado terroríficamente en tus pensamientos. Ese perro mental es la amenaza constante que te ladra en el cerebro y te intimida con el «¿y si?».

Sus ladridos suenan aterradores en nuestra mente:

«¿Y si me quedo sin trabajo?»
«¿Y si algo malo me pasa en el viaje?»
«¿Y si piensan que soy un fraude?»
«¿Y si no soy suficiente?»
«¿Y si Dios se avergüenza de mí?»
«¿Y si... (añade aquí tu desastre imaginario)?»

Y, mientras esos gruñidos en forma de posibilidades hipotéticas nos paralizan como si fuesen un hechizo hipnótico, nuestro miedo huele. Huele a sueños que se están pudriendo, huele a llamado que se está estancando, huele a propósitos que se están muriendo. Y, mientras más huele nuestro miedo, más fuerte ladra el perro en nuestra cabeza. Esa asquerosa bestia se alimenta del olor de nuestro miedo.

Con el tiempo, hacia el final de tu vida, descubrirás que el 80 % de los desastres que imaginaste en tu mente jamás ocurrieron. Que el 15 % ocurrió, pero que no eran ni de lejos tan terribles como habías imaginado, que de hecho eran una bobada. Finalmente, solo el 5 % de los desastres que imaginaste llegaron a ocurrir, y, además, te darás cuenta de que no estuviste solo cuando ocurrieron; y los superaste. Te hicieron crecer.

Nunca olvidaré lo que me dijo aquel anciano. Cuando le escuché, me reí, pero, al pensar en sus implicaciones, me dejó reflexivo por el resto del día: «He tenido muchos problemas, pero la mayoría nunca me han pasado».

Si esto realmente es así, ¿no te parece que angustiarte hoy por cosas que probablemente nunca ocurrirán mañana es la manera más estúpida de perder tu paz? Espero que no recorras solo la mitad de tu camino por haber sido paralizado por un maldito perro que solo existe en tu mente.

Hoy más que nunca, en un mundo asustado, Jesús necesita una Iglesia sin miedo. La necesita.

Por eso, déjame proponerte otros «¿Y si...?».

«¿Y si la amenaza en tu mente es solo una ilusión?»
«¿Y si en realidad el perro no puede hacerte nada a no ser que cruces el límite?»
«¿Y si la bestia está encadenada y tú no?»

Querido lector, el miedo siempre maximiza al perro y minimiza a Dios en tu mente. He comenzado a entender que mi valentía se trata de tener una revelación de quién es mi Padre celestial, agarrar fuerte su mano y dar un paso adelante. Cuanto más grande se haga el Padre en tu mente, más pequeño se hará el perro.

Si desafías al miedo en tu vida y te enfrentas a lo que temes, descubrirás que Dios pone las mejores cosas de la vida al otro lado del miedo.

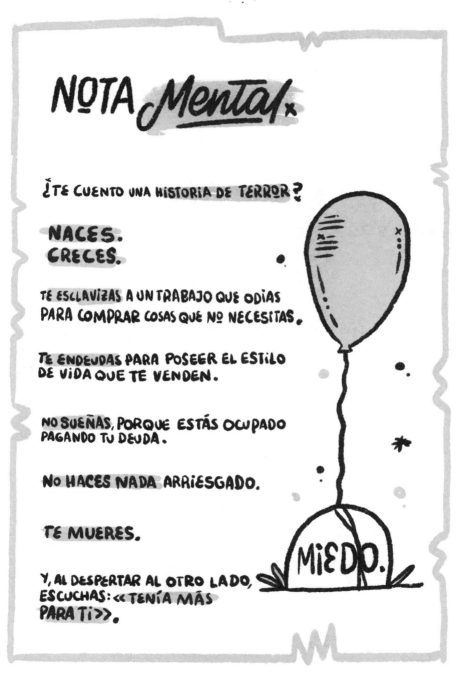

NOTA *Mental*

¿TE CUENTO UNA HISTORIA DE TERROR?

NACES.
CRECES.

TE ESCLAVIZAS A UN TRABAJO QUE ODIAS
PARA COMPRAR COSAS QUE NO NECESITAS.

TE ENDEUDAS PARA POSEER EL ESTILO
DE VIDA QUE TE VENDEN.

NO SUEÑAS, PORQUE ESTÁS OCUPADO
PAGANDO TU DEUDA.

NO HACES NADA ARRIESGADO.

TE MUERES.

Y, AL DESPERTAR AL OTRO LADO,
ESCUCHAS: «TENÍA MÁS
PARA TI».

MIEDO.

Ahora Tú.

Lee estos siete versículos de la Biblia y escribe por qué no deberías tener miedo

JOSUÉ 1:9

LUCAS 12:6-7

1 JUAN 4:18

JUAN 14:1,3

MATEO 6:25

MATEO 24:6

MATEO 10:28

AHORA, HAZ TU ESCALERA DEL MIEDO

Una manera de superar el miedo es exponerse a ese temor de manera repetida, gradual y controlada. Es importante comenzar con algo que puedas manejar, avanzar poco a poco mientras ganas seguridad y ascender por tu escalera del miedo. Acción tras acción, enfrentando tu miedo escalón a escalón.

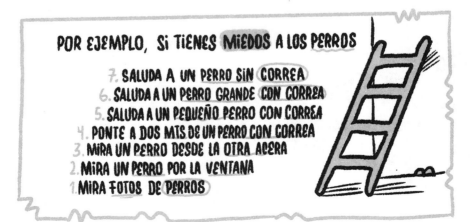

POR EJEMPLO, SI TIENES MIEDOS A LOS PERROS

7. SALUDA A UN PERRO SIN CORREA
6. SALUDA A UN PERRO GRANDE CON CORREA
5. SALUDA A UN PEQUEÑO PERRO CON CORREA
4. PONTE A DOS MTS DE UN PERRO CON CORREA
3. MIRA UN PERRO DESDE LA OTRA ACERA
2. MIRA UN PERRO POR LA VENTANA
1. MIRA FOTOS DE PERROS

ENTONCES, ¿CUÁL ES TU MIEDO?

Ahora, construye tu propia escalera del miedo de siete escalones para que te ayude a avanzar lenta y progresivamente hacia tu meta: enfrentarte a lo que temes.

¿QUÉ HARÍAS SI NO TUVIERAS MIEDO?

Sube, poco a poco, por tu escalera del miedo. Debes comprometerte a subir el primer escalón, y después el segundo, y después el tercero. Al enfrentarte gradualmente a tu miedo, descubrirás que era una ilusión paralizante, solo eso.

Día 24 //

Suelta el Control

Tardé demasiado tiempo en aprender dónde se encuentra mi paz. ¡Cuántas mañanas respirando deprisa y noches de taquicardia me habría ahorrado si hubiese entendido esto antes! ¡Cuánta paz malgastada comprando una dosis más de mi adicción! Lo admito. Así soy yo, un controlador en recuperación.

Aún le tengo que recordar a mi torpe corazón que mi paz no llegará cuando consiga tenerlo todo controlado, mi paz llegará cuando renuncie a intentar tenerlo todo controlado.

En mi experiencia personal con la ansiedad, la percibo como una tormenta en mi alma. Al menos, así es como yo experimento la ansiedad, como si mi mente se adentrase en una tormenta de emociones y sensaciones que me abruman, y, al mismo tiempo, como si mi voluntad perdiese los mandos de la nave de mi mente y, en su lugar, se pusiera a pilotar un chimpancé borracho.

(Me estoy riendo al escribir estas palabras, pero lo cierto es que lo percibo así, como si me fuera a estrellar contra algo escondido entre la niebla y no pudiese hacer nada para evitarlo).

Con el tiempo, me he dado cuenta de que la ansiedad dentro de mí está vinculada con cómo me relaciono con lo que está fuera de mí. He podido comprobar que mis niveles de angustia crecen al nivel de mi obsesión por tener todo a mi alrededor bajo control. Es más, cuanto más me obceco por mantener el control de mi mundo exterior, más tormentoso se vuelve mi mundo interior. De hecho, las personas más ansiosas que conozco también son fanáticas del control. Por lo que deduzco que existe una estrecha conexión entre el afán de tenerlo todo bajo control y los ataques de ansiedad. De eso se alimenta la tormenta en tu alma, de querer y no poder tener control sobre todo lo que te rodea.

Piensa en esta locura que creemos: realmente, ¿podemos tenerlo todo controlado?

¿Acaso puedes controlar lo que los demás piensan de ti?

¿O las decisiones estúpidas que toman las personas que amas?

¿Puedes tener control sobre cada detalle de tu aspecto físico, de tu salud, de tus hormonas o de tu manera de hablar?

¿Tienes control sobre factores globales que influencian tu vida como el clima, el tráfico en tu ciudad, la economía mundial, las decisiones egoístas del Gobierno o el surgimiento de una pandemia?

¿PUEDES CONTROLAR EL FUTURO?

Creo que conoces LA RESPUESTA.

Todos estos factores de tu mundo exterior son incontrolables para ti y, en el momento en el que se te ocurre la idea kamikaze de intentar controlarlos, es cuando pierdes el control de lo más importante: tu mundo interior.

Y, por cierto, eso que llamas «perfeccionismo» no es tu virtud, es tu delirio. Se trata de la máxima expresión de tu afán de control. Ese que te hace creer que las cosas van a salirte exactamente como tú quieres que salgan, que las personas van a seguir tu plan paso a paso, que las cosas van a ser a tu manera y que todo se va a ver impoluto. Como una foto de *Pinterest*. Esa imagen de perfección que persigues es tan inalcanzable que tú mismo te condenas a ser prisionero de la ansiedad.

Asúmelo. Cada vez que te obsesionas por tenerlo todo milimétricamente ordenado, pones en marcha la tormenta perfecta dentro de ti.

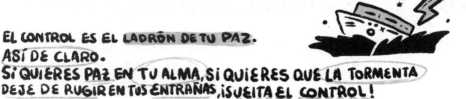

EL CONTROL ES EL LADRÓN DE TU PAZ.
ASÍ DE CLARO.
SI QUIERES PAZ EN TU ALMA, SI QUIERES QUE LA TORMENTA
DEJE DE RUGIR EN TUS ENTRAÑAS, ¡SUELTA EL CONTROL!

Renuncia a tu obsesión de ser el señor del mundo exterior y sé el mayordomo de tu mundo interior. Esa es tu verdadera responsabilidad: proteger tu paz interior, estar en armonía por dentro, y aprender a vivir en medio de un mundo en caos.

¿TE RESULTA DIFÍCIL? DÍMELO A MÍ.
YO SOY UN CONTROLADOR EN RECUPERACIÓN.

Antes de que mi hija naciese, si venías a mi casa y entrabas a mi oficina, podías ver todos mis libros, bolígrafos y papeles perfectamente ordenados sobre mi mesa, manteniendo las distancias, apilados por tamaños y en sus posiciones asignadas por los criterios más subjetivos que puedas imaginar. Mi mesa representaba mi mundo bajo control y si alguien lo alteraba, moviendo cualquier cosa un centímetro de su lugar, créeme, lo notaba. Entonces, nació mi hija (creo que los padres no necesitan que añada nada más, pero para los jovencitos que aún no han descubierto que la paternidad es la estrategia de Dios para quebrar el ego estúpido de los controladores, añadiré una explicación). Cuando mi hija comenzó a ponerse de pie y a dar sus primeros pasos, comenzó también a alcanzar con sus manitas las cosas que tenía sobre la mesa. Para ella, todo lo que tenía ahí eran juguetes que tocar, mover y tirar. Por lo que mi hija se convirtió en la destructora de mi orden perfecto. Al principio, volvía a ordenar mis cosas con resignación, pero, después de que ese episodio se repitiera día tras día, empecé a reprender a mi hija. Al principio, suavemente. Pero, al sentir que poco a poco perdía el control inevitablemente, empecé a hacerlo con un tono más severo. Incluso debo admitir que me enfadé con ella y la grité varias veces. Me enfadé con una niñita de un año.

Hasta que, un día, mi esposa vio mi cara arrugada mientras reordenaba mi mesa y me confrontó diciendo: «No seas tonto, Itiel. Te estás perdiendo la alegría de disfrutar de los primeros pasos de tu hija por tu obsesión por mantener tu mesa ordenada».

Y ASÍ ERA.

POR LO QUE TUVE QUE ELEGIR ENTRE LA PAZ, CON MI HIJA O LA MESA ORDENADA. ELEGÍ LA PAZ Y SOLTÉ EL CONTROL.

Tristemente, demasiadas personas, en vez de renunciar al control, se aferran con más fuerza a él. Entonces, para crear «su mundo perfecto», reducen su entorno y las posibilidades a aquello que pueden controlar, aunque tengan que sacar a personas de su vida para lograrlo. Evitan tomar decisiones nuevas que les pongan en riesgo, se hacen chequeos médicos de cualquier enfermedad que encuentran en Google, terminan con las relaciones humanas que se les complican un poco, se encierran en sus casas o en sus habitaciones —con las ventanas cerradas para evitar cualquier peligro que puedan imaginar—... En definitiva, crean a su alrededor un mundo bajo su

control, pero es tan pero tan pequeño que, en realidad, es una prisión. Terminan enjaulados en su mesa perfectamente ordenada.

¡SUELTA EL CONTROL!
LIBERA TU ALMA DE UNA CARGA QUE NO PUEDE SOBRELLEVAR.

Siendo honesto contigo, la revelación que a mí me ayudó a renunciar al control fue descubrir que ese afán controlador es un síntoma de una enfermedad más peligrosa en mi corazón llamada orgullo. Sé que no te va a gustar leer esto porque es una verdad que escuece, pero tu ansiedad se alimenta de tu orgullo. Y el orgullo es como el cáncer, hay que extirparlo cuanto antes o colapsa tu sistema.

POR ESO, LA PAZ LE PERTENECE A LOS HUMILDES.

A aquellos que no viven sus vidas con soberbia y autosuficiencia, intentando someter a las personas y a las circunstancias, intentando predecir el futuro para planificarlo o intentando ser el señor de su mundo, sino que admiten que necesitan ser guiados y sostenidos por la mano de papá Dios.

A veces, la única manera en la que Dios puede mostrarnos que está en control es poniéndonos en situaciones que no podemos controlar. Es una curita de humildad.

Querido lector, nunca olvides esto. Los humildes son como esa niñita que observé en el centro de la ciudad, que agarraba fuertemente la mano de su papá, mientras cruzaban la gran vía atestada de automóviles que hacían rugir sus motores. La vi cantando feliz, mientras cruzaba la calle por el paso de peatones, ajena a los cientos de coches que la rodeaban amenazantes, disfrutando del paseo y solo preocupada por una cosa: no soltar la mano de su padre, quien la guiaba y sostenía.

Entonces, pensé en lo ridículo que sería ver a esa niñita intentando controlar el tráfico, levantando su mano para hacer parar a los coches como si fuera un policía, afanada por decidir cuando y donde cruzar la calle, nerviosa por calcular las distancias y velocidades de los autos. Se vería tan ridícula como yo intentado controlar el mundo. Se vería tan ridícula como tú intentando controlar lo incontrolable. Ella, al igual que tú y que yo, no está capacitada para esa tarea, por lo que debe confiar en su padre y concentrarse en mantener su mano unida a la mano de él. Agarrarle fuerte. Eso es todo.

Entonces, lo entendí. Entendí que el secreto de la paz es entender cuál es mi responsabilidad y qué no lo es. Mi responsabilidad no es controlar el tráfico, sino aferrarme fuertemente a la mano de mi padre celestial y disfrutar del paseo, confiando en que llegaremos al otro lado porque mi padre tiene el verdadero control, no yo.

Usando tu otra mano, colorea saliéndote del círculo.

Después, observa cómo ha quedado, reflexiona en lo que significa y vete a hacer otra cosa.

Día 25 //

No Maquilles tus Cicatrices

«Pero Tomás, uno de los doce, llamado Dídimo, no estaba con ellos cuando Jesús vino. Le dijeron, pues, los otros discípulos: Al Señor hemos visto. Él les dijo: Si no viere en sus manos la señal de los clavos, y metiere mi dedo en el lugar de los clavos, y metiere mi mano en su costado, no creeré. Ocho días después, estaban otra vez sus discípulos dentro, y con ellos Tomás. Llegó Jesús, estando las puertas cerradas, y se puso en medio y les dijo: Paz a vosotros. Luego dijo a Tomás: Pon aquí tu dedo, y mira mis manos; y acerca tu mano, y métela en mi costado; y no seas incrédulo, sino creyente. Entonces Tomás respondió y le dijo: ¡Señor mío, y Dios mío!»
(Juan 20:24-28)

Cuando le dijeron a Tomás que Jesús había resucitado de la muerte, que ante toda improbabilidad había vencido a aquellos clavos que le atravesaron las manos y a aquella lanza que le penetró el costado hasta llegar a su corazón, escéptico, solo llegó a responder, balbuceando: «Hasta que no toque sus cicatrices, no me lo creo».

Eso es lo que dijo Tomás cuando le contaron el testimonio de la resurrección de Jesús; y es lo mismo que dice el mundo cuando le contamos nuestro testimonio: «Hasta que no toque tus cicatrices, no me lo creo». Y tienen todo el derecho a no creerte si no ven tus cicatrices, porque están cansados de los vendehúmos y los charlatanes.

Si Jesús dejó que Tomás acariciase sus marcas para que pudiera creer en su historia, nosotros los cristianos ¿no deberíamos hacer lo mismo con los que nos escuchan? ¿No deberíamos dejarles ver nuestras cicatrices y dejar que las toquen? Cuando Tomas vio y tocó las evidencias de la historia de Jesús grabadas en su piel, se llenó de esperanza. Aquel hecho le insufló valentía a su corazón y disipó su miedo a la muerte. Mil palabras de los otros no le convencieron, pero meter sus dedos en los huecos de las manos y en el costado de Jesús fue suficiente para convertirlo en creyente. Estoy convencido de que, de la misma manera, nuestras cicatrices tienen el poder de dar esperanza a otros, de insuflarles valentía a sus corazones y disipar sus miedos. Nuestras cicatrices dan credibilidad a nuestra historia. De hecho, una cicatriz siempre predicará con más autoridad que cualquier sermón.

ENTONCES, NO MAQUILLES TUS CICATRICES. INFLUYE DESDE ELLAS.

No hay nada que te dé más autoridad para hablar a las heridas de los que te escuchan que mostrarles tus propias cicatrices. Estas son la evidencia de la obra restauradora de Dios en ti, tu historia de redención, tu testimonio de sanidad. Anuncian que, en el pasado, sufriste una herida, que alguien o tú mismo te causaste, que sangraste y que te dejó dolorido, pero que experimentaste un proceso de sanación. Y esa cicatriz está ahí para recordar que antes hubo una herida abierta. Pero ya no, ahora está cerrada. Queda la marca, pero ya no duele, porque está curada. ¡Y claro que no es una piel suave e impoluta! Es mejor que eso: es la piel de una persona que cuenta su historia. Algunos ignorantes dicen que las cicatrices son vergonzosas, por eso las maquillan. Pero, para mí, son interesantes. Sexis. Porque, al igual que un bolígrafo deja marcas sobre el papel que otros pueden leer, nuestras cicatrices son las marcas sobre nosotros que otros pueden leer, las que narran nuestra historia de gracia. Y no hay nada mejor que leer una buena historia y quedar sorprendido por un final inesperado, ¿no crees?

Espero que, llegados a este punto, intuyas que no estoy hablando de las cicatrices sobre tu piel, sino sobre tu corazón. Estoy refiriéndome a aquellas que se ocultan en los rincones de tu alma, las que te han dicho que deberías esconder, las que sueles maquillar porque te avergüenzan. Pero, querido lector, como cristianos no estamos llamados a maquillar nuestras cicatrices, sino a influir sobre otros desde ellas. Al dejar que alguien lea la historia de sanidad narrada en nuestras cicatrices, le estamos dando esperanza respecto a sus heridas abiertas. Nos convertimos en evangelistas, proclamadores de una buena noticia: «Si Dios pudo hacerlo conmigo, también puede hacerlo contigo». Cristianos con cicatrices son la esperanza para un mundo herido. Como lo es Jesús.

Piénsalo. Jesús resucitado podría haber tenido un cuerpo sin las marcas del dolor y la vergüenza que experimentó en la cruz; sin embargo, decidió mantener esas cicatrices en su cuerpo glorificado por algo. O, mejor dicho, por alguien. Por nosotros. En la trinidad, ahora hay cicatrices. Jesús ha decidido incorporar en la deidad las marcas de la cruz, de aquel momento en el que el Todopoderoso se hizo débil y quedó desnudo delante de todos nosotros. El momento en el que la creación escupió al Creador. Y, pudiendo haber borrado las marcas de su humillación y todo registro de aquel momento de sufrimiento, ha decidido mantenerlos. Eternamente. Quizá por eso nos acercamos al Dios temible con tanta confianza, porque sus cicatrices nos hacen sentirlo accesible. Vulnerable. Sus cicatrices nos hacen amarlo más.

Mi Dios tiene cicatrices y no las mantiene escondidas, me las enseña y me deja tocarlas para que crea en su historia. Pensar en esto me conmueve y me dan ganas de llorar, mientras escribo estas líneas porque no puedo contener mis ganas de verlo cara a cara, para besar sus cicatrices e inundarlas con mis lágrimas de gratitud. Mi Jesús es hermoso, no solo por su gloria, sino también por sus cicatrices santas. ¿Quién iba a imaginar que lo más hermoso del universo tiene cicatrices?

Hoy, en occidente, cuando algo se rompe, se tira y se compra algo nuevo. Sin embargo, desde hace siglos, en Japón, cuando algo se rompe, sobre todo si es valioso y tiene una historia, se repara. Hace cinco siglos, surgió en el lejano oriente el arte del *kintsugi*, que, traducido al español, significa «carpintería de oro», una apreciada técnica artesanal cuyo fin es reparar la cerámica quebrada con oro fundido. El artesano japonés recupera la cerámica dañada reparando las grietas con finas y delicadas uniones en oro líquido. Según el arte del *kintsugi*, cuando un objeto sufre un daño, en vez de restarle valor, este puede hacerlo más especial. Por convertir una pieza común en algo único e inimitable. La clave está en mostrar la belleza de esas grietas acentuándolas con el brillo del oro en vez de esconderlas, celebrar la belleza de lo que lo hace único: sus cicatrices. Así que, en lugar de disimular las líneas de rotura, las piezas tratadas con este método exhiben las heridas de su pasado. De hecho, se da el caso de que algunos objetos tratados con el método del *kintsugi* han llegado a ser más preciados que antes de romperse. Así que, en Japón, este arte se ha convertido en una potente metáfora de la importancia de honrar nuestras propias cicatrices. Nuestra fragilidad humana también es hermosa.

Entonces, ¿serán las grietas en nuestro corazón una oportunidad para que el artesano divino nos embellezca con su gracia dorada? ¿Serán nuestras cicatrices una oportunidad para el artesano divino de hacernos únicos? ¿Incluso de incrementar nuestro valor? ¡Espera! Deja que esta impresionante verdad penetre hasta lo más profundo de tu alma:

tu valor crece cuando Dios restaura tus grietas con su gracia. Una vida humana aparentemente perfecta nunca será tan valiosa como aquella vida humana quebrada que ha sido bañada con la gracia divina.

Hace unos días, paseaba por un pueblo abandonado, lleno de casas antiguas, de esas que se construían con barro y piedras. Entre un montón de casas derruidas por el tiempo implacable, vi un muro de piedra que aún quedaba en pie, y en él algo que me parecía imposible. Vi una de las flores más hermosas surgiendo sorprendentemente de una de sus grietas. Una flor que parecía nacer de lo imposible, de una grieta en un muro de piedra. Entonces, el Espíritu Santo me dijo: «Así como crecen flores en las grietas de los muros, la gracia de Dios florece en las grietas de tu corazón».

Hay una escena del primer libro de la Biblia que es de las que más me conmueven. Se trata del momento en el que José se da a conocer a sus hermanos, aquellos que lo habían vendido como esclavo muchos años antes:

«No podía ya José contenerse delante de todos los que estaban al lado suyo, y clamó: Haced salir de mi presencia a todos. Y no quedó nadie con él, al darse a conocer José a sus hermanos. Entonces, se dio a llorar a gritos; y oyeron los egipcios, y oyó también la casa de Faraón».
(Génesis 45:1, 2)

Es una escena llena de sentimiento y la he imaginado muchas veces en mi mente. Allí estaba José, delante de sus hermanos, aquellos que lo habían traicionado y vendido como esclavo dieciséis años antes. Desde entonces, habían pasado muchas cosas. José había vivido un proceso tremendamente doloroso, pasando de ser esclavo en Egipto a ser mayordomo en la casa de un hombre rico. Después, fue castigado injustamente, encarcelado durante años y olvidado por todos, menos por Dios, quien siempre estuvo con él en la oscuridad de su prisión. Finalmente, Dios cumplió sus propósitos y le convirtió en un gobernador en Egipto, que salvó a millones de personas de una hambruna. La historia es fascinante y deberías leerla. Pero, en esta escena, se relata el momento en el que José se da a conocer a sus hermanos, quienes habían venido a Egipto en busca de comida para sobrevivir. La Biblia dice que, cuando los hermanos vieron a José no le reconocieron; probablemente, porque José iba maquillado y vestido con los ropajes extravagantes de los egipcios. Seguro que has visto alguna imagen de como vestía la realeza egipcia y como se maquillaban el rostro. Entonces, cuando José ya no puede contener más sus lágrimas, les revela su identidad. Pero ¿cómo lo hizo? En mi imaginación, veo a José llorando intensamente, frotando sus lágrimas y usándolas para limpiar el maquillaje egipcio de su rostro, quitándose la peluca que cubría su cabeza y las túnicas reales con las que estaba vestido. Se dio a conocer quitándose el maquillaje y la ropa que cubría sus cicatrices, aquellas que contaban la historia de años de encarcelamiento, golpes, castigos y mala nutrición como esclavo en Egipto. Aunque vestía ropa de realeza, debajo de sus vestidos, tenía una piel que narraba su historia de dolor. Y, al mostrarse a sus hermanos, les contó la historia. Pero, abrazándoles semidesnudo, les dio paz diciéndoles: «No os entristezcáis, ni os pese haberme vendido aquí; porque para preservación de vida me envió Dios delante de vosotros [...]. Y Dios me envió delante de vosotros, para preservaros posteridad sobre la tierra, y para daros vida por medio de gran liberación. Así, pues, no me enviasteis aquí acá vosotros, sino Dios, que me ha puesto por padre de Faraón y por señor de toda su casa, y por gobernador en toda la tierra de Egipto» (Génesis 45:5-8).

José se quitó el maquillaje y se desnudó frente a sus hermanos, en cuerpo y alma. Y, desde la vulnerabilidad, les dio esperanza cuando no la tenían. Por eso, José se parece a Jesús.

Entonces, si Jesús influye al mundo desde sus cicatrices, ¿por qué los cristianos queremos hacerlo desde nuestros triunfos? Este mundo ya no se cree a los cristianos triunfalistas que se suben al escenario, vestidos con una armadura impoluta y que proyectan una imagen de guerreros invencibles. Simplemente, no los escuchan porque no les creen. Y con razón. Sin embargo, este mundo presta atención a aquellos cristianos honestos que se sientan a la mesa con ellos, se quitan la armadura y les muestran sus cicatrices. Almas desnudas y vulnerables. Los cristianos con cicatrices que predican a un Cristo con cicatrices. Evangelios vivos que otros pueden leer. De hecho, para algunas personas con las que te vas a encontrar hoy, tú serás la única Biblia que van a poder leer. ¿Les dejarás leer tu historia de gracia? No le robes la gloria a Jesús proyectando una imagen de perfección plástica.

Mostrar tus cicatrices a un herido es una de las declaraciones más poderosas que existen. Es decirle: «Yo también, y te entiendo». Eso hace que cualquiera baje sus defensas y te enseñe sus propias heridas. No olvides nunca que, cuando alguien te muestra su herida, te muestra una puerta abierta hacia las profundidades de su corazón y te invita a entrar dentro. Más te vale que entres descalzo, porque el lugar donde entras es sagrado. Y de eso se trata la verdadera influencia, de llegar al corazón de alguien. Y, ¿por qué te dejan entrar? Porque tu cicatriz es el testimonio que se convierte en la profecía de los que están heridos. Es su esperanza.

En un mundo tan oscuro, necesitamos cristianos con grietas a través de las cuales pueda entrar la luz.

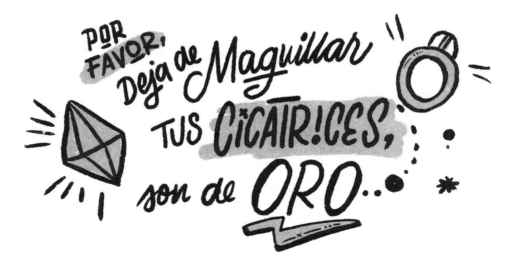

POR FAVOR, Deja de Maquillar TUS CICATRICES, son de ORO...

 *Ahora tú.*

VAMOS A HACER ALGUNAS COSAS CON LA SIGUIENTE PÁGINA:

- Escribe tu nombre en ella
- Arranca la página
- Sacude la página arrancada y presta atención
- Tal como está, intenta lanzar la página hacia un objetivo
- Ahora arruga la página y haz una bola de papel
- Lanza la bola de papel hacia un objetivo
- Desarruga la página y sacúdela nuevamente

CONTESTA A ESTAS PREGUNTAS:

¿QUÉ DIFERENCIA HAY AL SACUDIR LA PÁGINA ANTES Y DESPUÉS DE SER ARRUGADA?

_____

¿QUÉ DIFERENCIA HAY AL LANZAR LA PÁGINA HACIA UN OBJETIVO ANTES Y DESPUÉS DE SER ARRUGADA?

_____

Piensa en el significado de la metáfora. Si la página eres tú y las arrugas en el papel representan las cicatrices que dan testimonio de los procesos sanadores que has experimentado, ¿en qué se diferencia tu persona con cicatrices de tu persona sin ellas? ¿Qué aprendes sobre tu propia vida del ejemplo de la hoja antes y después de ser arrugada?

* VUELVE A PEGAR LA PÁGINA AL LIBRO. HAZLO COMO PUEDAS.
USA CINTA ADHESIVA, CÓSELA CON AGUJA E HILO, GRÁPALA, ETC.

CORTAR POR AQUÍ.

Madre

Una madre pariendo se parece a Jesús en la cruz.

Revindico esa imagen como metáfora para describir la belleza y la crudeza de lo que ocurrió en la cruz.

Un parto.

Esa imagen puede valer más que mil palabras escritas en un libro de teología. Cualquier teólogo que haya estado en un paritorio y haya observado atentamente a esa madre sudando y gritando ha tenido la oportunidad de presenciar una imagen de Jesús en la cruz.

Si prestas atención, y los gemidos de dolor, el olor a sangre y el caos del paritorio no te distraen, puedes escuchar el susurro de Dios diciéndote: «Quítate el calzado de tus pies porque estás presenciando algo santo».

¿Me preguntas dónde veo a Jesús en ella?

Lo veo cuando se encuentra desnuda, abierta de par en par y contrayéndose de dolor, en aparente debilidad, pero pujando con más valentía que un guerrero.

Lo veo cuando se determina a ponerse en riesgo, incluso a perder su propia vida, para que la vida de su bebé prevalezca.

Lo veo cuando se dispone a desfigurarse por amor, a perder su belleza para dar a luz a una belleza nueva.

Jesús en la cruz es el parto de Dios.

El día en el que Dios dio a luz a la Iglesia, brotó sangre y agua de la herida de Jesús, al igual que brota del útero de una madre que alumbra. No fue un parto fácil, pero, como toda madre a la que ponen a su bebé sobre su pecho, Dios suspiró: «Mereció la pena el dolor».

Jesús aún conserva sus cicatrices como testimonio de aquel día inolvidable. Por eso, diré que las marcas en el cuerpo de una madre son sagradas.

Todas ellas.

Las estrías, los desgarros y las cicatrices.

La caligrafía de la vida sobre la piel de una mujer.

Marcas preciosas, pero tristemente menospreciadas en nuestra cultura de lo superficial, porque cuentan una historia que evoca la gran historia de nuestra salvación.

Y eso se respeta.

NOTA MENTAL

Tenemos que elegir qué Iglesia queremos ser:
Un paritorio o un cementerio.

En uno, hay mucho ruido, carne desnuda y cierto caos, pero nace vida. En el otro, todo está tranquilo y en perfecto orden, pero solo hay cadáveres.

Ahora tú.

Si eres madre, medita por unos momentos en lo que acabas de leer. Tu parto fue una metáfora de Cristo en la cruz. Rememora cómo fue aquel momento y honra las marcas en tu cuerpo que quedaron de recuerdo. Dale gracias a Dios por permitirte identificarte con él en la belleza y la crudeza del parto.

Además, si te es posible hacerlo, llama a tu mamá y dale las gracias por haber sufrido dolor para darte vida a ti, hónrala por perder algo de su belleza, vitalidad y salud para que tú hayas podido nacer. Pregúntale cómo recuerda aquel día y abrázala fuerte. Uno de esos abrazos que valen más que mil palabras.

Si no tienes la posibilidad de hacerlo con tu mamá, hazlo con alguna madre que quieras honrar.

Sacaros una foto tu mamá y tú. Compártela en tus redes con el *hashtag* #SOYINCENDIARIO y etiquétame para que pueda verla. Escribe en tu publicación unas palabras de gratitud y honra a la mujer que te dio a luz.

Cuando pienso en ser vulnerable, pienso en ese valiente guerrero de la Edad Media que, para luchar en el campo de batalla, se cubre con su armadura de metal.

Esa armadura que le protege de ser herido por los golpes de espada y las flechas afiladas de sus feroces enemigos.

Pero, cuando termina la batalla, si ese guerrero desea regresar a su casa para fundirse en un abrazo con su esposa, sabe que tendrá que tomar una decisión que requerirá más valor que ponerse la armadura: quitársela.

Antes de entrar a la habitación para tener intimidad con su amada, tendrá que desnudarse, tendrá que dejar a la puerta la armadura protectora y mostrar su piel desnuda.

Tendrá que hacerse vulnerable.

Y no puedo dejar de pensar que, cuando ese guerrero esté completamente desnudo frente a su esposa en esa habitación, ella tendrá más oportunidad de herirlo de lo que jamás tuvieron sus enemigos en el campo de batalla.

Por eso, hay que ser muy valiente para quitarse la armadura del corazón frente a otra persona.

Porque hacerse vulnerable es correr el riesgo de que la otra persona te hiera. Y eso me hace temblar. Pero hacerse vulnerable también tiene la gran recompensa de la intimidad verdadera. Y alcanzar esa conexión profunda con alguien merece el riesgo de desnudar el corazón.

Piensa en el guerrero valiente y recuerda que la armadura que te protege de los golpes de tus enemigos en la batalla es la misma armadura que te impide disfrutar de las caricias de los que te aman.

Haz un dibujo en cada viñeta que represente estos cuatro momentos de tu vida. Quizá no sepas dibujar bien, pero eso no es lo importante. Intenta representar estos cuatro momentos lo mejor que puedas. Después, piensa en alguien con quien desees conectar profundamente y háblale de estos cuatro momentos, mientras le enseñas las viñetas. Sé que puede resultarte comprometedor hacerlo, pero te sorprenderá lo mucho que te va a unir a esa persona hacerte vulnerable a ella y contarle tu historia.

Día 28 //

1 entre 400 Trillones

1 entre 400 trillones de posibilidades.

Esa es la probabilidad de que tú, particularmente tú, existas.

Esa es la probabilidad de que uno de los millones de espermatozoides de tu padre se combinase con uno de los miles de óvulos de tu madre, en el tiempo y el espacio, y de que tú llegases a ser tú.

Y no otro.

1 entre 400 trillones de posibilidades.

Una combinación única e irrepetible.

¡Piénsalo!

Si ese día tus padres no se hubiesen dado aquel beso, por cualquier razón, tú no existirías. Si alguno de ellos se hubiese quedado a ver un poco más la televisión o se hubiese distraído con una llamada de teléfono, tú no existirías.

Pero existes.

Y otros 400 trillones de posibles combinaciones jamás existirán para dejarte esta vida a ti.

Al nacer, ganaste; y tu premio es la vida.

Tú, sí tú, eres un milagro improbable.

Cuando entiendas la matemática de esto, ya no podrás mirarte al espejo de la misma manera.

¡Vamos! Hazte el favor.

Mírate al espejo y mantén contigo la mirada.

¿Lo ves? Eres un universo de átomos en tus ojos, pero si prestas atención verás que eres alma en tu mirada. Existes y el Creador te ha regalado un cuerpo para explorar el mundo.

Tu cuerpo.

Tuyo y de nadie más.

Esa combinación de piel, tripas, neuronas y huesos, ese puzle de millones de células vivas que te ha sido dado es una maravilla en este cosmos lleno de piedras.

Aunque algunos digan que tu cuerpo es despreciable.

Porque es muy gordo o muy flaco.

Porque es plano o abultado.

Porque está arrugado, deformado o cuelga.

Porque tiene pelos, estrías o cicatrices.

Aunque algunos imbéciles te digan que algo te sobra o que algo te falta, porque tu cuerpo no encaja con esa mentira que llaman estereotipo de belleza.

¡No les creas!

No les dejes que te convenzan con eso de que hay cuerpos que son «los cuerpos» y lo demás son errores, porque, en realidad, tu cuerpo es una obra de ingeniería que sostiene la vida de tu alma, que te sostiene vivo en un universo donde la vida es una auténtica rareza.

Tu alma tiene un cuerpo y es tuyo, de nadie más.

Es el lugar donde existes.

Y ya solo por eso es válido.

Tu cuerpo te pertenece.

¡No quieras otro cuerpo!

Ninguno que te vendan como el cuerpo deseado.

Quiere este que es el tuyo.

Porque eres un milagro improbable.

1 entre 400 trillones de posibilidades y jamás habrá otro como tú.

UNA ⏸ PAUSA

HÁBLATE BIEN

El científico japonés Masaru Emoto llevó a cabo un experimento que, como mínimo, es curioso y provoca reflexión. Emoto estudió la forma en la que reaccionaban los cristales del agua ante el impacto de las palabras y emociones humanas que se les proyectaban. Su experimento consistió en asociar a determinadas gotas de agua una palabra positiva, como «te amo» o «gracias», y a otras una palabra negativa, como «te odio» o «me molestas».

Después de pronunciar activamente palabras amables y violentas sobre las gotas de agua, por medio de personas que proyectaban dichas palabras y emociones sobre ellas, estudiaba en un microscopio cómo evolucionaban los cristales del agua. Su enfoque era observar cómo se transformaba la composición microscópica de los cristales del elemento. Sorprendentemente, los cristales del agua tratada con palabras positivas mostraban figuras preciosas, llenas de simetría, mientras que las gotas de agua sometidas a palabras negativas mostraban cristales con formas caóticas. Como si las malas palabras rompiesen los cristales. En Internet, es fácil encontrar las imágenes de este experimento y las figuras son realmente espectaculares.

Este experimento me lleva a pensar en el impacto que nuestras palabras provocan en el receptor cuando las pronunciamos, cargadas, además, de intensas emociones asociadas. Si tenemos en cuenta que nuestro cuerpo está compuesto por un 60 % de agua, ¿qué puede pasar en nosotros cuando somos expuestos al poder de las palabras negativas o positivas? ¿Las palabras nos influyen? Estoy convencido de que sí. Quizá por eso soy predicador y escritor, porque creo en el poder de las palabras.

Desde la primera hasta la última página de la Biblia, se manifiesta esta verdad: las palabras son poderosas. Dios creó el universo a través del poder de sus palabras, Jesús sanó a los enfermos a través del poder de sus palabras y liberó a las personas de los poderes de la oscuridad a través del poder de sus palabras. Salomón, el sabio, escribió que «la muerte y la vida están en poder de la lengua» (Proverbios 18:21). Independientemente de lo que afirma Masaru Emoto, la Biblia hace un gran énfasis en el poder que tienen nuestras palabras sobre otros. A este impacto positivo o negativo Dios lo llama «bendición» o «maldición».

Las palabras crean, sanan y liberan. Son tan poderosas que hasta Satanás las usó para engañar a Adán y a Eva, y hoy sigue usando el poder de las palabras para destruir, enfermar y esclavizar a las personas. Hay algo en poseer el don del lenguaje que nos distingue de los animales. Dios nos dio las palabras y esto es una gran responsabilidad. Las palabras son nuestra más inagotable fuente de poder, confiada por Dios, porque con ellas somos capaces de crear mundos y de destruirlos. Son medicina o veneno.

Ahora, piensa por un instante: ¿quién es la persona más dura y crítica contigo que conoces? Probablemente, esa persona eres tú. Y es que, constantemente, nos dedicamos malas palabras a nosotros mismos, despreciamos nuestro cuerpo y somos tiranos con nuestra alma. Demasiadas veces nos dedicamos las peores palabras y las emociones más tóxicas.

Imagina cómo sería tu vida si realmente creyeses que eres valioso y te dedicases buenas palabras y emociones. ¿Qué tal si empezamos ahora?

TOMA UN MOMENTO PARA Hablarte BIEN, PARA BENDECIRTE

Hazlo A tu Manera

1) Busca un espejo y mira tu reflejo.

2) Fija tus ojos en tu propia mirada y mantén el contacto visual contigo mismo, con tu alma. Detente durante algún tiempo para observarte, apreciarte con detenimiento, mientras recuerdas lo valiente que fuiste al sanar aquella herida que hoy tiene forma de cicatriz.

3) Mientras te miras, dedícate siete afirmaciones de bendición a ti mismo.

4) Finalmente, con un rotulador, escribe en diferentes partes de tu cuerpo alguna de esas afirmaciones de bendición. Puedes hacerlo en tus brazos, en tu pecho o en tus piernas. Por el resto del día, mantén esas palabras escritas sobre tu cuerpo y deja que te influyan.

NO SOY LAS MEDIDAS DE MI CUERPO.
EL SALDO DE MI CUENTA BANCARIA.
NO SOY LA MARCA DE MIS CALZONCILLOS.
EL NÚMERO DE SEGUIDORES EN MI INSTAGRAM.
LOS DIPLOMAS QUE CUELGAN EN MI PARED.

SOY... (LA MANERA EN LA QUE COMPLETES ESTA FRASE SERÁ LO MÁS DETERMINANTE EN TU VIDA).

YO SOY LO QUE DIOS DICE QUE SOY,
TENGO LO QUE DIOS DICE QUE TENGO
Y PUEDO HACER LO QUE DIOS DICE QUE PUEDO HACER.

EVALÚA EL DESAFÍO INCENDIARIO DE LA SEMANA

¿HAS DADO ALGO TUYO A ALGUIEN?

0   10

DE 1 A 10 MIDE TU IMPLICACIÓN EN EL DESAFÍO.

¿QUÉ HAS DADO Y A QUIÉN SE LO HAS DADO?

_____

¿CÓMO TE SENTISTE CUANDO DIOS TE PIDIÓ QUE LO DIESES?

_____

¿POR QUÉ CREES QUE DIOS TE PIDIÓ DARLO?

_____

¿CÓMO REACCIONÓ LA PERSONA CUANDO LO RECIBIÓ?

_____

¿CÓMO TE SIENTES AHORA, DESPUÉS DE HABERLO DADO?

_____

ESCRIBE AQUÍ LO QUE HAS APRENDIDO CON ESTE DESAFÍO.

_____

5 Semana CINCO

HAZLO REAL

#5 Desafío INCENDIARIO Haz un Acto de Bondad

Es el momento de hacer viral la bondad, porque la maldad se ha extendido como un cáncer en el mundo.

¿LO ESTÁS VIENDO?

Desde Colombia hasta Israel, desde Argentina a los EE. UU., en México, Perú, El Salvador, España... Y en todos nuestros países hispanos. Las imágenes son de crispación, conflicto y desesperanza, llenando las calles de nuestras ciudades. Ante esta sacudida social, algunos cristianos han creído que nuestra Gran Comisión es opinar sobre todo y entrar en discusiones interminables con el fin de ganar una competencia que solo existe en sus cabezas.

Pero nosotros somos el movimiento de Jesús. El comienzo de nuestra historia quedó registrado en la Biblia con el título de «HECHOS» de los apóstoles, no «DICHOS» de los apóstoles.

JESÚS NOS DIJO «ID», NO NOS DIJO «DEBATID».

Al fin y al cabo, nuestras opiniones no dan de comer al hambriento, ni consuelan al enfermo, ni protegen a la viuda y al huérfano. Somos discípulos de aquel que vino al mundo a revelarnos el corazón de Dios y, para hacerlo, se manchó las manos sirviendo a los necesitados. Por lo que estamos listos para continuar con su revolución: mostraremos al mundo el corazón de nuestro buen Dios, manchándonos las manos sirviendo a nuestro prójimo.

Es el momento de menos «BLA BLA BLA» y más obras de bondad. Es tu oportunidad de demostrar que no solo tienes palabras bonitas, imágenes con versículos y vídeos inspiradores, sino que tienes acciones sacrificadas que predican a gritos el Evangelio. Para ello, el desafío incendiario de esta semana es hacer el bien a alguien en el nombre de Jesús.

¿CÓMO LO HARÁS?

Mientras le pides al Espíritu Santo que te guie en la decisión, lee la lista de bondades propuestas y elige un acto de bondad. Si el Espíritu Santo te guía a otra acción generosa, apúntala y comprométete a hacerla real en los próximos siete días.

LISTA DE *Bondades* PROPUESTAS:

- Llena la nevera de una familia necesitada
- Invita a comer en un restaurante a un sintecho
- Compra materiales educativos a un niño de bajos recursos
- Dona utensilios valiosos o ropa buena a alguien que los necesite
- Cómprale toda la mercancía a un vendedor ambulante
- Visita enfermos en el hospital
- Acompaña a un anciano y escúchale con atención
- Transforma el día de alguien haciéndole sentir valioso
- Asea y acicala a un anciano, cortando y peinando su pelo, haciendo sus uñas...
- Dedica tiempo a enseñar a un niño a hacer su tarea escolar
- Recoge la basura de la playa, la calle o el parque público
- Pinta y restaura una pared del barrio
- Arregla algún desperfecto de la casa de una madre soltera
- Ofrécete a hacer los mandados de una persona con discapacidad, haciéndole la compra, tirando su basura...
- Dona sangre en el hospital médico
- Regala medicamentos a una familia con muchos hijos
- Si eres dentista, doctor o terapeuta dona un servicio a alguien
- ¿Otra propuesta?

Para inspirar a otros a hacer lo mismo, saca una foto de tu acto de bondad y súbela a tus redes con el *hashtag* #SOYINCENDIARIO. Escribe en el *post* lo que estás aprendiendo esta semana y no olvides etiquetarme para que pueda verlo.

Día 29 //

¿Hacerse un Nombre o Ser una Voz?

Desde siempre, me he sentido admirado por la improbable influencia que Juan el Bautista ejerció sobre su generación. Y digo «improbable influencia» porque Juan representa todo lo contrario a las estrategias de *marketing y branding* que se enseñan a los *influencers* de mi generación.

Hace poco, leí un artículo que supuestamente trataba sobre liderazgo cristiano, donde el autor argumentaba vehementemente que para ser el líder de una iglesia influyente en tu ciudad debes asegurarte de tener tres cualidades: una ubicación estratégica, una imagen actualizada y un mensaje atractivo. Probablemente, el autor del artículo usó palabras que sonaban más espirituales que estas, pero así lo resumieron mis neuronas pragmáticas. Y, siendo honesto contigo, la experiencia me ha demostrado que, si el objetivo es llenar tu evento de gente, te vale con estas tres cosas. Si desarrollas tu actividad en una gran ciudad con buenas comunicaciones, te esfuerzas por tener una estética cautivante y le dices a la gente lo que quiere escuchar, seguro que tu audiencia crece. No sé si en número de discípulos, pero los consumidores de tu producto crecen seguro.

Lo que admiro del liderazgo de Juan el Bautista es que él se convirtió en una de las mayores influencias de su tiempo atentando en contra de estas tres recomendaciones para el éxito ministerial. Si Juan hubiese tenido un agente de relaciones públicas, imagino que le hubiese recomendado encarecidamente lo siguiente, con estas palabras:

«Juan, ¿no crees que sería mejor hacer tus campañas en Jerusalén en vez de en el desierto? Piensa que la gente tiene que caminar durante horas y soportar altas temperaturas para escucharte. Además, te recomiendo que cambies un poco tu estética, ya que vestir con la piel de un camello te hace ver y oler de forma desagradable, sin hablar de tu rostro huesudo a causa de tus constantes ayunos. Un poquito más de gimnasio y menos saltamontes en tu dieta sería conveniente. Y, ¡por favor! Deja de insultar a tu público llamándoles hipócritas y víboras. Al menos, deja de insultarlos».

Juan tuvo una ubicación pésima, una imagen grotesca y un mensaje escandalosamente incómodo, pero aun así se convirtió en la mayor influencia en sus días. De hecho, algunos historiadores afirman que llegó a bautizar en el desierto a unas 40.000 personas, en un periodo de seis meses. Y, por si eso fuera poca evidencia de su éxito, Jesús mismo lo calificó como el líder más grande de su época. La verdad es que eso me parece bastante éxito ministerial, ¿o no?

Este líder no se vendió a las expectativas del mercado, él se comprometió con las expectativas del reino de Dios. Y eso le hizo una verdadera influencia. Los líderes en el reino de Dios suelen ser personas improbables, así funciona este extraño movimiento divino.

La pregunta es: ¿qué es lo que provocó que un hombre con una influencia tan improbable tuviese esos resultados?

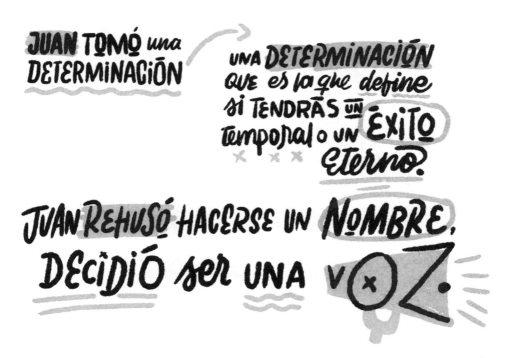

El Evangelio registra una entrevista que le hicieron:

«Le preguntaron: —Entonces, ¿eres Elías, el profeta que había de venir?
Respondió: —No lo soy.
Le dijeron: —Entonces, ¿quién eres? ¿qué dices de ti mismo?
Respondió: —Yo soy una voz que clama en el desierto».
(Juan 1:21-23)

En otras palabras, le preguntaron si él era Elías, si él era el hombre del nombre que todos estaban esperando, pero Juan se rehusó a ponerse un nombre. Le insistieron para que se definiese de alguna manera, para que se diese un nombre con el cual pudiese ser reconocido, pero lo único que dijo de sí mismo fue que él era una «voz que clama en el desierto».

Esta es la gran decisión que Juan tuvo que tomar, y esta es la decisión que tú tienes que tomar tarde o temprano:

¿QUIERES HACERTE UN NOMBRE O QUIERES SER UNA VOZ?

Si quieres hacerte un nombre, tendrás que esforzarte mucho. Tendrás que mantener las apariencias, tendrás que tener tus redes sociales actualizadas, tendrás que buscar la aprobación de todos, tendrás que promocionarte y tendrás que diluir el mensaje. ¡No digo que todo eso sea malo! Pero, si quieres hacerte un nombre, te vas a tener que vender. Tendrás que dedicarte al *marketing* y al *branding*. Tendrás que dedicar todo tu tiempo a desarrollar tu marca personal.

Sin embargo, si quieres ser una voz, solo debes preocuparte de una cosa. Una sola cosa es necesaria, un único enfoque debe ser tu santa obsesión: mantenerte conectado con Dios. Es decir, tienes que escuchar lo que Dios está diciendo, aunque lo esté susurrando, y convertirte en el eco de su voz. Probablemente, mantenerse conectado con la voz de Dios requiere más disciplina que cualquier otra cosa, sobre todo en un mundo en el que hay tanto ruido que ahoga su voz en nuestra alma. Demasiados distractores a nuestro alrededor. Por eso, muchos se conforman con ser un *cover*, en vez de esforzarse por ser una voz. Me refiero a esa gente que hace una versión de lo que otro ministro de Dios ha dicho, que le cambia un poco la forma y luego lo reproduce como si fuese el eco de la voz de Dios. Pero eso no es nada más que una imitación; las palabras correctas, pero reproducidas por alguien que no las ha escuchado de la boca de Dios. Por alguien que no frecuenta el lugar secreto. Porque, siendo brutalmente honesto, es más fácil ser una copia de otro ministro de Dios que esforzarse por ir a la fuente divina. Al final, es otra manera de hacerte un nombre: a costa de la oración, el ayuno y el estudio de otro.

En definitiva, esta es una decisión que determinará el enfoque de tus esfuerzos. ¿Quieres hacerte un nombre o quieres ser una voz?

Mientras que el primero atrae la atención sobre sí mismo, el segundo atrae la atención sobre Jesús.

Mientras que el primero usa a la gente, el segundo sirve a la gente.

Mientras que el primero se exhibe, el segundo inspira.

Me preocupa que últimamente, en las redes sociales, se ven muchos nombres, pero escasean las voces. Por desgracia, en la era de las redes sociales, es demasiado fácil imitar la apariencia sin tener la esencia. Quizá este sea uno de los mayores obstáculos para que el nombre de Jesús se haga conocido en nuestra generación, que los *influencers* estamos invirtiendo demasiado tiempo en hacer nuestro nombre popular y estamos descuidando nuestra conexión con la voz de Dios.

Seamos honestos por un minuto, al menos por unas líneas más y después hagamos como si no lo hubiera escrito. Las personas de influencia, los predicadores y pastores, los que cantan sobre el escenario y hablan frente a la cámara, los que escriben libros y componen canciones, todos ellos somos las personas más inseguras del planeta Tierra. Todos tenemos una profunda necesidad de aprobación y anhelamos ser validados por las masas. Adictos al *like*, al aplauso o a la palmadita en la espalda. Y, cuando no estamos conectados con Dios —la fuente de nuestra identidad—, necesitamos reconocimiento humano desesperadamente. Pero Dios tiene que tratar con ese asunto en nuestro corazón para que podamos ser efectivos en la tarea de ser el eco de su voz. ¿Por qué? Porque su mensaje te va a meter en controversia. Van a pedir tu cabeza en bandeja de plata.

La Biblia dice que Dios forjó el corazón de Juan en el desierto, y es en el desierto donde Dios entrena a las voces que clamarán su mensaje. Allí, lejos del ruido de las gentes, Dios puede recuperar nuestra atención mientras nos susurra al corazón.

En el desierto, DiOs ARRANCÓ del CORAZÓN de Juan la NECESIDAD de ser APROBADO

«La llevaré al desierto, y hablaré a su corazón».
(Oseas 2:14)

En el desierto es donde Dios arrancó del corazón de Juan la necesidad de ser aprobado por los demás, y será en el desierto donde Dios arrancará de tu corazón tu necesidad de ser aprobado por otros también.

El desierto es un lugar incómodo, donde a lo único que te puedes dedicar es a sobrevivir, donde no se produce absolutamente nada.

El desierto es un lugar donde el hombre más fuerte, más talentoso y más inteligente queda incapacitado.

El desierto es un lugar de soledad, donde has de aprender a vivir de una única fuente de reconocimiento: Dios.

Querido lector, los desiertos en nuestra vida tienen diferentes formas y, cuando llegan, nos oponemos rotundamente a pasar por ellos. Llegamos a estar convencidos de que Satanás es el culpable de que estemos allí, cuando, en realidad, ha sido Dios quien nos ha llevado a ese lugar para nuestro beneficio. Oramos contra ellos, intentamos vencerlos o huimos de allí. Pero ha sido Dios quien nos ha llevado a ese lugar para arrancar de nosotros la necesidad de ser aplaudidos por las masas y que aprendamos a vivir para la aprobación de uno solo.

De otra manera, si sigues viviendo para la aprobación de las personas, un día morirás por su rechazo.

No lo olvides, no se trata de ser una voz perfectamente afinada, se trata de esforzarte por tener un oído atento a las palabras que Dios está diciendo y de ser una boca valiente para hablar a un mundo al que no le gusta escuchar lo que la voz divina está diciendo.

☐ *Ahora tú* x

Usando un lápiz o un bolígrafo, escribe tu nombre muchas veces hasta llenar toda esta página. Después, usando un rotulador grueso o una pintura que destaque, escribe sobre tu nombre el nombre de Jesús en grande. ¡Que el nombre de Jesús ocupe toda la página y se superponga al tuyo!

ESCRIBE AQUÍ x

No olvides sacarle una foto y compartirlo en tus redes con el *hashtag* #SOYINCENDIARIO. Y, ¡etiquétame para que pueda verlo! ¡Quiero verlo!

un LIBRO Salvaje

IMAGINA.
SOLO POR UN INSTANTE, IMAGINA ESTO.

Imagina que eres una persona que forma parte de una tribu aislada en alguna parte del planeta, que eres parte de uno de esos grupos étnicos no alcanzados por la fe cristiana, sin ninguna conexión con el mundo moderno y, por lo tanto, sin ninguna referencia del cristianismo moderno. Nunca has leído un libro cristiano, ni has asistido a ninguna reunión cristiana, ni has escuchado a un predicador cristiano. En definitiva, no has visto a un cristiano en tu vida. De repente, un grupo de misioneros valientes llegan a tu región y, después de años de esfuerzo y de inmersión cultural, logran traducir la Biblia a tu idioma. Entonces, uno de esos misioneros te convoca a una reunión privada. Entras a la habitación, donde te vas a reunir con él, y percibes en el ambiente que algo sagrado está por ocurrir. Le miras a los ojos y están llenos de luz, es la mirada de un hombre que no puede mentir. Está emocionado, como aquel que está a punto de revelar un secreto oculto y sabe que nada volverá a ser igual. Observas como una lágrima resbala por su mejilla y alcanza sus labios, que dibujan una sonrisa. En ese momento, comprendes que aquel hombre está por decirte algo importante, algo que forma parte de su convicción más profunda. Entonces, toma una de tus manos y con solemnidad pone una Biblia traducida a tu idioma sobre tu palma, mientras te dice: «Léela. Porque todo lo que dice este libro es verdad».

Y TÚ LE CREES.

Digamos que comienzas a leer los Evangelios.
Mateo, Marcos, Lucas y Juan.
Luego, continúas leyendo Hechos de los Apóstoles.
Después, lees las cartas de Pablo, Pedro, Santiago,
Judas y Juan a la Iglesia primitiva.
Y, finalmente, terminas leyendo Apocalipsis.
Lees la Biblia, creyendo que todo
lo que lees es verdad.
Cada afirmación.
Cada historia.
Cada palabra.

VERDAD.

Al terminar de leer la Biblia, creyendo que todo lo que dice es absolutamente verdad, ¿cuál crees que sería tu expectativa?

Lo que quiero decir es que, si solo hubieses leído la Biblia, sin asistir a ninguno de nuestros encuentros religiosos, aburridos y sistemáticos, sin haber leído ningún comentario bíblico y sin haber escuchado a ningún predicador, creyendo que las cosas son tal y como las estás leyendo, tú tendrías una gran expectativa de la intervención de Dios en tu vida y en el mundo que te rodea. Es decir, si leyeses la Biblia sin tener tu mente contaminada con la experiencia religiosa, tu expectativa sería altísima.

Creerías que Dios está cerca y te habla.
Creerías que Dios tiene un plan para confrontar las fuerzas de la oscuridad y que quiere que tú formes parte de la conspiración de la luz.
Creerías que Dios hace milagros extraordinarios con gente ordinaria como tú.
Creerías en encuentros sobrenaturales, conversiones dramáticas y conflictos cósmicos en los que puedes verte involucrado.
Creerías que las cosas se ponen difíciles, que vas a sufrir, pero que, al final, ganamos.
Creerías en todo eso, porque creer en eso es el resultado natural de leer la Biblia y creértela.

AHORA, DÉJAME SER MUY SINCERO CONTIGO.

Cada vez que yo leo mi Biblia, me doy cuenta de que existe una diferencia notable entre lo que leo y lo que vivo; es decir, mi vida cristiana aún está muy lejos de parecerse a la vida cristiana que está descrita en la Biblia. Todavía hay una brecha entre lo que está escrito y lo que estoy experimentando. Querría que mi vida se pareciese a mi Biblia, pero todavía no es así. Y si tú eres tan honesto como yo, probablemente, tengas que admitir que aún no eres el tipo de cristiano que se describe en tu Biblia.

Pero, querido lector. A pesar de esta tensión que experimento cada vez que leo el libro sagrado, a pesar del conflicto y la incomodidad que me provoca leer cada página, hay algo que he decidido firmemente:

Me rehúso a reducir la Biblia al nivel de mi experiencia personal para sentirme cómodo; más bien, voy a incomodar mi experiencia personal para elevarla progresivamente al nivel de la Biblia. Me rehúso a domesticar este libro salvaje, a castrarlo hasta que se convierta en un dócil librito de autoayuda, para hacerme sentir cómodo con mi mediocridad espiritual. Me rehúso a ignorar las páginas que me ponen nervioso porque hablan de una experiencia que yo aún no tengo. Me rehúso a aceptar una construcción teológica hecha a la medida, simplemente para avalar un estilo de vida carente de la manifestación de Dios.

Seamos claros. Nos es más fácil cambiar nuestra interpretación de la Biblia, para justificar nuestra vida cristiana —carente de emoción, poder, conflicto y revelación—, que disponernos a contender con Dios, de día y de noche, en oración y ayuno, hasta que lo que está escrito se encarne en nuestra vida.

Parece que, cuando Satanás se dio cuenta de que cada vez que nos presionaba, poniendo las cosas difíciles al movimiento de Jesús, esa presión detonaba el avivamiento. Por ello, Satanás comenzó a acomodarnos. Empezó a convencernos de que ser cristianos es asistir a un club social los domingos, cantar en una especie de karaoke colectivo y sentarse a ver el espectáculo. Café en la entrada, buena música y un discurso bonito. Todo confortable para que el cliente quede satisfecho y no pida la devolución del dinero al terminar el *show*. Y solo hace falta fijarse en la forma que tienen los auditorios donde nos reunimos los domingos, con un montón de sillas mirando hacia un escenario, donde algunas personas cantan y hablan, para darnos cuenta de que nos lo hemos creído. Nos hemos creído que lo que está escrito en la Biblia es historia pasada y que ahora solo nos queda narrar lo que fue y hacer el cuentacuentos entretenido para que nadie se aburra. Nos ha convencido de que ya no hay revolución, solo hay espectáculo.

♥ INCEN(DIARIO)

PERO ME REHÚSO A ESA COMODIDAD SATÁNICA.

PREFIERO FRACASAR EN EL INTENTO A NUNCA HABERLO INTENTADO.

Elijo pelearme con este libro salvaje, aunque me muerda y me arañe, aunque me ofenda y me moleste. Elijo mirar a los ojos a Jesús el día que me encuentre cara a cara con él y decirle: «Al menos, lo intenté. Hice mi parte para escribir una línea emocionante en el capítulo 29 de Hechos de los Apóstoles».

Y TÚ, ¿QUÉ ELIGES?

238

¿Tienes alguna Biblia vieja que ya no uses y que esté olvidada en algún cajón?

Haz algo significativo con ella. Conviértela en un mural que te recuerde que Dios te llama a vivir una vida salvaje.

Sé que puede resultarte un poco extraño, pero Dios nos invita a poner sus palabras a la vista para que nos sirvan como recordatorio de quién es él y cuáles son sus propósitos.

> «Por tanto, pondréis estas mis palabras en vuestro corazón y en vuestra alma, y las ataréis como señal en vuestra mano, y serán por frontales entre vuestros ojos. Y las enseñaréis a vuestros hijos, hablando de ellas cuando te sientes en tu casa, cuando andes por el camino, cuando te acuestes, y cuando te levantes, y las escribirás en los postes de tu casa, y en tus puertas».
> (Deuteronomio 11:18-20)

Para convertir tu Biblia vieja en un mural recordatorio, arranca las páginas que más te inspiren, te provoquen y/o te desafíen. Puedes usar un Evangelio completo, algunas cartas del Nuevo Testamento o diferentes partes del Antiguo Testamento. Lo importante es que sean partes del texto que signifiquen algo para ti y te recuerden quién es Dios y lo que espera de ti. Después, elige un espacio visible de tu casa, puede ser una pared, una puerta o una ventana, y pega las páginas creando tu mural del recuerdo. Finalmente, puedes pintar sobre el mural, darle color y brillo, subrayar los versículos más significativos... Haz un *collage* que no te deje olvidar tu llamado a una vida salvaje.

Día 31 //

AHORA, IMAGINA ESTO OTRO. AUNQUE TE RESULTE INCÓMODO, IMAGÍNALO.

Imagina que el Espíritu Santo decidiese abandonar tu vida silenciosamente. Sin mostrarte ninguna señal de su partida y dejando que tu vida siguiese su rumbo habitual. Simplemente, se marcha una noche sin hacer ruido y te deja que sigas con tus planes diarios. Te levantas y continuas con lo tuyo, viviendo tu vida como lo haces siempre. Imagínatelo y contesta a esta pregunta: ¿cuántos días tardarías en darte cuenta de que el Espíritu Santo ya no está contigo?

Lo sé... Pensar en la respuesta a esta pregunta expone una verdad incomodísima. Es posible que tardases demasiados días, o demasiadas semanas, en darte cuenta de que ya no está contigo.

Porque para hacer lo que haces habitualmente no necesitas de la intervención del Espíritu Santo. No quiero sonar crítico, pero me temo que la mayoría de las cosas que hacemos como iglesia en nuestro día a día requiere de mucha disciplina, una buena dosis de talento y algo de organización, pero muy poco del Espíritu Santo. O, aunque duela admitirlo, no requiere nada del Espíritu Santo.

¡En serio! No necesitas al Espíritu Santo para ser una persona amable, que no dice groserías y no se mete en problemas. No lo necesitas para leer un poco la Biblia y ser una persona moral. ¡Seamos claros! No necesitamos al Espíritu Santo para organizar una reunión de cristianos cada domingo, donde cantamos unas canciones bonitas y reflexionamos juntos sobre un sermón de nuestros valores. No lo necesitamos para ser un club social de gente con buenos modales y buen testimonio. Es posible que, en la reunión de algunas iglesias, no notasen la ausencia del Espíritu Santo durante meses, porque, simplemente, no lo necesitan para mantener activo su programa. Notarían más la ausencia del aire acondicionado que la ausencia del Espíritu.

Somos tan autosuficientes que no lo necesitamos. Y creo que nos hemos acostumbrado tanto a su ausencia que no echamos de menos su presencia. ¿Habrá una señal más notable de nuestro orgullo que esta?

Vivimos nuestras vidas cristianas sin la necesidad de involucrar al Espíritu Santo en ellas, porque las vivimos en el poder de nuestra capacidad humana.

Recuerdo que alguien, después de escucharme predicar un sermón, en una de esas ocasiones donde soné brillante, me dijo algo que pretendió ser un cumplido, pero que terminó convirtiéndose en una exhortación divina: «Itiel, que gran talento tienes para la oratoria. Podrías ser un buen vendedor porque sabes convencer». En ese momento, recibí aquellas palabras como un halago. Al fin y al cabo, eran una alabanza a mi capacidad de hablar en público; sin embargo, Dios no tardó en amonestarme:

—Así que, ¿eres un buen vendedor? —me preguntó Dios.
—Eso dicen —le contesté. Intuyendo que no estaba tan satisfecho como yo con aquel cumplido.
—Así que, ¿tienes talento para la oratoria y capacidad para convencer cuando hablas? —me volvió a preguntar en un tono claramente irónico.
—Sí... Eso parece —volví a contestar tímidamente, esperando el golpe en mi alma.
—Itiel, ¿hay alguna diferencia entre lo que haces como predicador y lo que harías como un vendedor? —me preguntó dejándome confundido—. Porque si todo lo que haces como mi predicador es lo que puedes hacer con el mismo talento y capacidad que necesitas para ser un vendedor de coches, ¿para qué te he dado mi Espíritu Santo?

ME COSTÓ UN BUEN RATO RECUPERARME DE AQUEL GOLPE.

Aunque te duela admitirlo, es cierto, una vida cristiana que puede vivirse con el poder de tu capacidad humana no es una vida cristiana de ninguna manera. Puede ser una vida moral, una vida disciplinada o una vida religiosa, pero no es una vida cristiana, porque la vida cristiana por definición es una vida que solo puede vivirse con el poder del Espíritu Santo. Si al menos en algunos momentos de tu vida no requieres la involucración del Espíritu Santo en la situación, no es una vida cristiana completa.

Puedes refutarme afirmando:

«¡Pero, Itiel! Yo tengo autocontrol».
Los budistas tienen autocontrol y no tienen al Espíritu Santo.
«¡Pero, Itiel! Yo tengo disciplina».
Los musulmanes tienen disciplina y no tienen al Espíritu Santo.
«¡Pero, Itiel! Yo tengo convencidos».
Los testigos de Jehová tienen convencidos y no tienen al Espíritu Santo.

Como cristianos, hemos sido llamados a vivir una vida humanamente imposible, una vida que se parece a la vida de Jesús. Hemos sido llamados a amar a nuestros enemigos como lo hizo Jesús, a confrontar a las fuerzas del mal como lo hizo Jesús y a demostrar las evidencias del reino de Dios como lo hizo Jesús. Como cristiano, Jesús espera que seas un catalizador de milagros.

Querido lector, ser un catalizador de milagros no se puede lograr con el poder de tu capacidad humana porque es una tarea sobrenatural. Requieres del poder del Espíritu Santo. Si el Espíritu no se involucra, es imposible.

La pregunta es: ¿cuándo fue la última vez que hiciste algo que requiriese de la intervención del Espíritu en la situación? ¿Cuándo fue la última vez que hiciste una oración temblorosa diciendo «si no me ayudas no puedo»? ¿Cuándo fue la última vez que hiciste algo que dependiese del poder de Dios?

Porque de esto se trata la vida cristiana, de dejar que el Espíritu Santo interrumpa nuestra vida cotidiana para convertirnos en catalizadores de sus milagros, en medio de un mundo en agonía.

Jesús nos enseñó con su ejemplo el propósito por el cual el poder del Espíritu Santo está a nuestra disposición:

> «El Espíritu del Señor está sobre mí,
> Por cuanto me ha ungido para dar buenas nuevas a los pobres;
> Me ha enviado a sanar a los quebrantados de corazón;
> A pregonar libertad a los cautivos,
> Y vista a los ciegos;
> A poner en libertad a los oprimidos;
> A predicar el año agradable del Señor».
> (Lucas 4:18, 19)

El poder del Espíritu estaba sobre Jesús y está sobre ti ahora para el beneficio de los pobres, los quebrantados, los cautivos, los ciegos y los oprimidos. El poder del Espíritu Santo te ha sido dado, no para servirte a ti mismo, sino para servir a aquellos que necesitan una intervención divina. Un cristiano que no sirve de alguna manera a aquellos que sufren bajo la opresión de un mundo en tinieblas no justifica el poder que le ha sido dado.

♥ INCEN(DIARIO)

AHORA, ¿ME ATREVERÉ A ESCRIBIR ESTO? AHÍ VA.

El ESPÍRITU SANTO se siente encarcelado en los CUERPOS DE LOS Cristianos QUE NO SIRVEN a las NECESIDADES DE LOS QUE SUFREN.

El Espíritu Santo espera que seas un canal, no una prisión. Espera que seas su catalizador de milagros, no su carcelero. Puedo imaginarme al Espíritu gritando desde los cuerpos de algunos cristianos: «¡Déjame salir, por favor! Quiero liberar mi poder para sanar al enfermo a través de tus manos, quiero expresar esperanza al suicida a través de tu boca, quiero ir donde la víctima, a través de tus pies. Por favor, no me retengas, déjame salir hacia fuera a través de ti».

Confío en que tú no quieras ser un contenedor hermético que retenga el poder del Espíritu, sino un conducto a través del cual pueda influir en el mundo. Entiéndelo, cuando recibiste al Espíritu Santo, no solo recibiste un regalo, recibiste una responsabilidad: ser un catalizador de milagros. Allí donde estás, en medio del caos.

Terminaré este capítulo haciéndote una advertencia: ser un catalizador de milagros te meterá en problemas, porque el Espíritu Santo te va a impulsar a un conflicto contra las fuerzas del mal. Ser un catalizador de milagros es una declaración de guerra a Satanás. Así de claro.

La Biblia nos advierte de que se levantarán muchos «Anticristos», es decir, espíritus que se opondrán a los propósitos de Cristo, que crearán sistemas de maldad en este mundo para boicotear los planes de Dios. Los vimos operar en el pasado y los vemos operar en la actualidad.

El espíritu de Faraón, que sigue esclavizando a los débiles.
El espíritu de Goliat, que sigue intimidando al pueblo de Dios.
El espíritu de Sísara, que sigue promoviendo el tráfico sexual de mujeres.
El espíritu de Nabucodonosor, que sigue cautivando la mente de los jóvenes en Babilonia.
El espíritu de Herodes, que sigue matando bebés.

Ante la amenaza de todos esos espíritus del Anticristo, algunos cristianos tiemblan de miedo, intimidados por sus provocaciones. Parece que esos cristianos que se esconden tienen un Satanás muy grande y un Dios muy pequeño. Pero no olvides esto: por cada espíritu del Anticristo que se levante, Dios levantará a un hombre o a una mujer llenos de un espíritu superior. Por cada Faraón, se levantará un Moisés; por cada Goliat, se levantará un David; por cada Sísara, se levantará una Débora; por cada Nabucodonosor, se levantará un Daniel; y, por cada Herodes, se levantará un Juan el Bautista. Por cada Anticristo, Dios levantará a un catalizador de milagros lleno del Espíritu Santo.

Sea cual sea el desafío que debas enfrentar, por muy numerosos que sean tus enemigos, el Espíritu Santo y tú sois mayoría.

Juntos sois un auténtico terror para el infierno y un espectáculo para el cielo.

☐ **Ahora tú.**

Dibuja el contorno de tu mano sobre esta página y escribe dentro una breve oración a Dios consagrando tus manos como catalizadoras de milagros.

LÍDER HAZ ALGO

LIDERA LO QUE ESTÁS LLAMADO A LIDERAR Y NO HUYAS DE TU RESPONSABILIDAD.

El liderazgo se trata de un líder que identifica una necesidad o una injusticia o una oportunidad y hace algo.

La historia de la humanidad no nos presenta el caso de una sola persona que llegó a ser un líder por no hacer nada. Hay muy pocas ideas de las que estoy absolutamente convencido, pero esta es una de ellas: el líder hace algo, aunque no cualquier cosa.

HACE ALGO NOBLE
- Algo VALIENTE
- Algo GENEROSO
- Algo JUSTO
- Algo INNOVADOR

El líder hace algo para resolver un problema, hace algo en favor de una causa más grande que él mismo, hace algo que inspira a los demás a hacer lo mismo. Finalmente, hace algo que no se estaba haciendo y transforma la vida de otra persona.

También estoy absolutamente convencido de esta otra idea: el líder es alguien, aunque muchas veces es el alguien más improbable.

NO NECESARIAMENTE ES ALGUIEN MÁS FUERTE o el Alguien MÁS INTELIGENTE. o el Alguien MÁS TALENTOSO o el Alguien MÁS GUAPO o el Alguien MÁS ESPERADO.

Sorprendentemente, muchas veces, el líder es alguien improbable, pero que estaba disponible en el momento preciso y está dispuesto para el sacrificio. Créeme, los fuertes, inteligentes, talentosos, guapos y esperados suelen estar muy ocupados consigo mismos y tienen mucho que perder como para arriesgarse al sacrificio.

La Biblia nos describe las historias de líderes improbables que hicieron algo a favor de la causa del reino de Dios. Y estos actos realizados por estos hombres y mujeres improbables comprometieron a Dios a hacer algo también. Entiendo que suene fuerte afirmar que Dios se sienta comprometido con la acción de un simple mortal, pero, constantemente, en la Biblia, observamos a un Dios comprometido con aquellos que hacen algo por su causa.

Cuando Dios ve a alguien en la tierra que se atreve a hacer algo para que se parezca más al cielo, esos actos de coraje comprometen la acción de Dios. Permíteme decirlo así: Dios está esperando que alguien haga lo que se debe hacer para poder respaldarlo con su poder. Dios quiere intervenir en este mundo lleno de sufrimiento, injusticia y maldad, pero espera a alguien con suficientes agallas para hacer algo. El cielo entero contempla la tierra en busca de la persona que se atreva a hacer algo que comprometa a Dios a intervenir.

Como ese muchachito que tomó cinco piedras y su honda y le plantó cara al gigante que ridiculizaba al pueblo de Dios.

Como esa concubina que cruzó las líneas del protocolo real poniendo en riesgo su vida delante de un rey pagano para salvar la vida de miles de personas.

Como esos cuatro amigos que destrozaron el techo de una casa abarrotada de gente para lograr que aquel paralítico fuese sanado por Jesús.

Como esa madre sirofenicia que discutió con Jesús y fue humillada por los discípulos racistas, a fin de lograr un milagro de liberación para su hija.

Como ese niño que trajo sus cinco panes y sus tres peces a Jesús para alimentar a 15.000 personas hambrientas.

Algunos con nombres conocidos y otros anónimos en esta tierra, pero todos ellos con su nombre escrito en el salón de la fama del cielo. Porque lideraron aquello que les tocaba liderar, no huyeron del desafío e hicieron algo.

Aquellos que hicieron lo posible y, entonces, Dios hizo lo imposible.

Aquellos cuyas acciones comprometieron el poder de Dios para obrar un milagro.

Aquellos que hicieron pensar a Jesús, mientras dibujaban una sonrisa en su rostro: «Después de esto, yo también tengo que hacer algo».

Si eres una persona con un liderazgo improbable, bienvenido al club. Por amor a Dios o por rabia a causa del pecado que se opone a su voluntad, haz algo. Hazlo por amor o por rabia, pero hazlo. Y espera que Dios se sume a la ecuación.

249

Tu vida en este mundo tiene fecha de caducidad y esta tabla te ayudará a valorar mejor que tu tiempo es limitado... Y que se está consumiendo. Cada uno de estos círculos representa una semana de tu vida: son 52 semanas al año, durante 90 años de vida. Tacha con un bolígrafo cuánta vida has consumido hasta ahora y reflexiona con Dios sobre cómo estás invirtiendo tu tiempo en este mundo.

SIETE cosas QUE QUIERO HACER Antes de Consumir mi VIDA

1.
2.
3.
4.
5.
6.
7.

Ahora, elige una cosa de la lista y planifica cómo hacerla real en las próximas 52 semanas.

1x

Deja de postergarlo, esta vida no es un ensayo.
¡Comprométete con tu lista y hazla real!

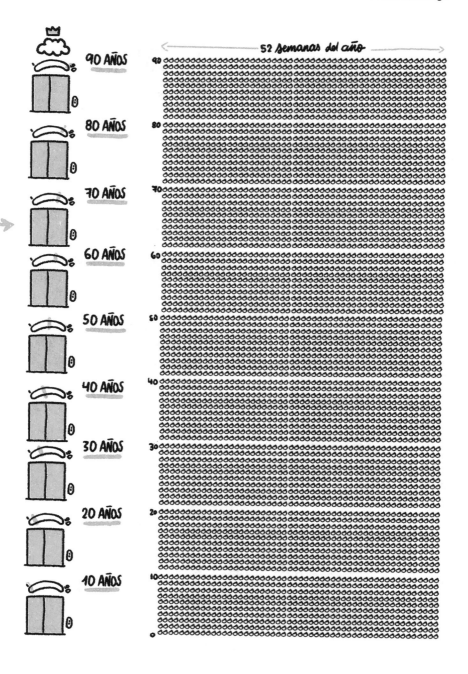

Día 33 //

Adelanta el Amor

Cuando llegó por primera vez a Kenia, Luis se preguntaba cómo él y sus compañeros de misión, todos ellos españoles universitarios, podrían ayudar en ese lugar polvoriento y caluroso de África. Se subieron al avión sin saber muy bien cuál sería su cometido al llegar a Nairobi. Daba igual si se trataba de excavar un pozo, plantar árboles o construir un edificio, tenían exactamente la misma experiencia para ello: ninguna. Sin embargo, Luis estaba seguro de que Dios le había enviado a aquel lugar por alguna razón.

Finalmente, su destino fue servir durante una semana en un asilo de niños moribundos dirigido por las monjas de la caridad de la Madre Teresa de Calcuta. Cuando entró por la puerta, se encontró con una escena que le encogió el corazón. Estaba en una casucha poco iluminada, repleta de camillas y goteros de suero, con niños enfermos, muchos de ellos tan débiles que apenas tenían fuerza para llorar su dolor.

Luis se quedó de pie, en medio de la sala, literalmente bloqueado, mientras observaba aquella imagen que le resultaba desesperanzadora. ¿Qué podría hacer él para aliviar tanto dolor? El no encontrar una respuesta dentro de sí le dejó paralizado. Estático. Se sentía inútil.

De pronto, una hermana de la caridad le agarró la cara con sus dos manos —ásperas de tanto trabajar— y, mirándole a los ojos con autoridad, le preguntó: «¿Has venido a mirar o a ayudar?». Aquella pregunta, mientras su mirada se cruzaba con los ojos iluminados de la hermana, fue suficiente para desbloquearlo. La mujer le pidió que cogiera en brazos a un niño de dos años que no paraba de llorar, y le dijo: «Tenlo en tus brazos y dale todo el amor que seas capaz de dar». Luis no sabía muy bien a qué se refería con eso, pero quería ser obediente a la petición de la monja, por lo que levantó al niño de la camilla y lo sostuvo entre sus brazos. El niño estaba tan delgado que podía notar sus huesos mientras lo abrazaba. Literalmente, podía ver el movimiento del latido del corazón sobre su pecho desnudo.

Luis no sabía cómo hacer aquello que la monja le había pedido, pero recordó la manera en la que su hermana arrullaba a su bebé y le pareció que podría funcionar. Comenzó a cantar al pequeño, a acariciarle el pelo, a sonreírle y a darle besos. Como si fuese su propio hijo. Fue todo lo que se le ocurrió, pero lo hizo con todo su corazón.

Entonces, el niño dejó de gimotear y le sonrió de vuelta. Una sonrisa preciosa, en una cara huesuda y sucia, llena de mocos. Pocos minutos después, se durmió. Sin embargo, en un momento, notó que el pecho del niño había dejado de moverse y, asustado, le llevó corriendo a la hermana de la caridad que, poniendo su mano sobre el pequeño, confirmó el fallecimiento.

En realidad, ella sabía, desde el principio, que el niño se estaba muriendo. Miró nuevamente a Luis, con unos ojos llenos de luz que contrastaban con la oscuridad de aquella habitación, y le dijo: «Este niño ha muerto en tus brazos y tú te has adelantado unos minutos, con tu cariño, al amor que Dios le dará por toda la eternidad».

Aún con el cuerpo inerte del pequeño entre sus brazos, Luis comenzó a llorar y a dar gracias a Dios. En ese momento, comprendió cuál era la razón por la que Jesús le había enviado allí: poder brindar por adelantado el amor que Dios desea dar a las personas por toda la eternidad.

Cuando escuché la historia de Luis, el Espíritu Santo me habló con urgencia:

> «Quiero que te adelantes al amor divino, que ofrezcas por adelantado una muestra del amor que Dios quiere dar a las personas por toda la eternidad. No necesitas ir a África para hacer esto. Quiero que lo hagas con aquellas personas que voy a poner en tus brazos».

Con el tiempo, he llegado a comprender que el amor es un asunto prioritario en el cielo y que ser un portador de ese amor, en medio de un mundo en agonía, es mi vocación.

MI PROPÓSITO.

No existe una encomienda más grandiosa y que te dé más sentido en la vida que ser un catalizador del amor divino.

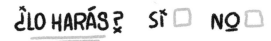

No hace falta ir al otro lado del mundo para adelantar el amor divino a alguien, puedes hacerlo con una llamada telefónica. Ahora mismo.

¿LO HARÁS? SÍ ☐ NO ☐

1) Ora y pídele a Dios que te muestre una persona a la que adelantar el amor divino.

NOMBRE

2) Pregúntale a Dios sobre ella. (Escribe aquí tus respuestas para recordarlas).

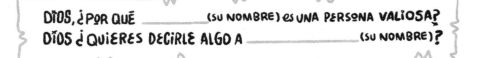
DIOS, ¿POR QUÉ _____ (SU NOMBRE) es UNA PERSONA VALIOSA?
DIOS ¿QUIERES DECIRLE ALGO A _____ (SU NOMBRE)?

3) Llámala por teléfono. (No vale un mensaje de texto, debe escuchar tu voz en directo).

RING

4) Explícale que la llamas porque estabas orando por ella y le has preguntado a Dios sobre ella. Comparte las respuestas que has recibido y ora por ella. Puedes preguntarle si tiene alguna petición de oración específica.

Petición ⇨

5) Antes de terminar la llamada, pregúntale cómo se siente después de vuestra conversación.

El CRISTIANO y el TORTURADOR

EL CRISTIANO ESTABA ATADO A LA SILLA Y SABÍA LO QUE ESTABA POR ACONTECER. YA HABÍA OCURRIDO SEIS VECES Y ESTA ERA LA SÉPTIMA.

Aunque el tiempo se difuminaba en su mente, al estar preso en aquel agujero bajo tierra, sin más luz que la de aquella bombilla fluorescente que tintineaba sobre su cabeza —amenazando con fundirse en cualquier momento—, podía llevar la cuenta de los días preso, por contar los dedos de sus manos y sus pies, aquellos que el torturador le había amputado por no revelar la ubicación de la iglesia clandestina.

—Un dedo por día perdido —le dijo el torturador—. Cada día que te rehúses a darme la información que te pido, te arrancaré uno de tus dedos con mis tenazas.

El torturador desplegó lentamente sus utensilios sobre la mesa, a la vista inevitable del cristiano. Era su ritual y lo disfrutaba. Uno por uno, ponía sobre la mesa las cuchillas con las que laceraba su piel, las pinzas con las que le arrancaba las uñas, los cables con los que le daba descargas eléctricas en sus testículos y esas malditas tenazas de hierro oxidado con las que le había arrancado seis dedos. Cuatro en sus manos y dos en sus pies. Y, para que el cristiano no se desangrase o muriese por infección, antes de tiempo, cauterizaba sus heridas con un hierro incandescente.

En aquel zulo dominado por el mal, parecía que la oscuridad triunfaba.

—¡Mírame, estúpido cristiano! —le ordenó el torturador—. Yo soy todopoderoso, como tu supuesto Dios —blasfemó—. Tengo poder sobre ti, porque puedo elegir si vives o mueres.

Entonces, el cristiano levantó su cabeza para mirar a los ojos a su torturador y le dijo:

—En realidad, el poder está de mi lado —dijo sorprendiéndole—. Porque yo tengo el poder de amarte, mientras tú me torturas hasta la muerte.

Lleno de rabia por aquellas palabras, el torturador le asentó un golpe mortal en la cabeza con sus tenazas.

En aquel agujero, una pequeña llama encendida fue suficiente para vencer a un mar de oscuridad.

ASÍ FUE Y ASÍ SERÁ.

NOTA Mental

Muchos cristianos no se han planteado si morirían por Jesús, porque ni siquiera han comenzado a vivir por él.

La Iglesia primitiva tenía mártires, la Iglesia de hoy tiene celebridades. Y, mientras que las personas más admiradas en los círculos cristianos sean los predicadores de escenario, los escritores de libros y los compositores de alabanzas, y no nuestros mártires, estaremos levantando una generación de cristianos que preferirá vivir por su fama a morir por la fama de Jesús.

PIENSA EN TU MUERTE PARA QUE VIVAS MÁS INTENSAMENTE TU VIDA.

SI SOLO TE QUEDASEN VEINTICUATRO HORAS DE VIDA, ¿QUÉ HARÍAS?

_____

_____

¿CÓMO TE GUSTARÍA QUE TE RECORDASEN AQUELLOS QUE TE CONOCIERON ANTES DE MORIR?

_____

_____

ESCRIBE TU EPITAFIO.

Día 35 //

¿Quién soy?

Para este mundo, una maldita, para Dios, una reina.

Nací envuelta en sangre, polvo y agua.

Cuando la lanza se hundió en el costado de Jesús, emergí yo para él.

La inconcebible.

Insólita como una flor en el desierto, sorprendente como un diamante formado bajo presión, en las profundidades de la tierra.

Que, ¿quién soy?

Soy su chica.

Santa, irresistible, valiente y poderosa.

Vestida con un traje nupcial y unas botas de guerra.

♥ INCEN(DIARIO)

La indómita, a la que solo el susurro de Jesús es capaz de amansar.

La que tiene las manos sucias por servir al pobre, moratones por defender al abusado y ojeras por velar al enfermo.

Y, aun así, soy tan...

Tan guapa.

Escandalosamente guapa.

Que, ¿quién soy?

La que le grita «ven», mientras mira al infinito.

Con lágrimas en los ojos y fuego en el corazón.

La que le ama con locura y con cordura.

Y, créeme, lo que siento no son mariposas revoloteando en mi estómago, es un huracán en mis entrañas.

Y, aun así, mi amor por él es tan solo un átomo, mientras que su amor por mí es un universo.

Y, aunque los ángeles aún no lo entiendan, soy la soñada por Jesús.

Su novia.

Suya… Exclusivamente suya.
Para él y para nadie más.
Que, ¿quién soy?
Soy un templo sagrado.
No hecho de piedra, metal o madera.
Sino de piel y hueso.
Edificado persona a persona, hecho de toda raza, tribu y nación.
El lugar donde el Espíritu de Dios vive, en nosotros y a través de nosotros.
Una comunidad palpitante.
Un movimiento incontenible.
Un hogar para el huérfano.
Un peligro para el infierno.
Una esperanza para la humanidad.

UNA ⑪ PAUSA

Disfruta el Momento

Si has llegado hasta aquí, ¡bien hecho!
Alguien tiene que honrar tu esfuerzo y creo que debo ser yo.

Estoy seguro de que has sido responsable con todas las tareas que te he propuesto, que no han sido pocas, ni fáciles. Por esa razón, quiero regalarte este vale que te da permiso para disfrutar de algún momento especial de la lista. No pongas excusas y date permiso para disfrutarlo. Es una orden.

Solo te pido esto. Mientras lo haces, estate completamente presente. Me refiero a que pongas atención plena a lo que estás haciendo y disfrutes de ello, saboreando el momento. No lleves tu mente a recordar el pasado o a planear el futuro, sencillamente, disfruta del presente. Se llama «presente» porque es un regalo, pero, tristemente, es un regalo ignorado por muchos. Entiéndelo. Estás vivo, y el regalo de la vida es el ahora. Mientras te lamentas por lo que pasó o esperas a que algo pase después, te pierdes lo que está pasando ahora. De eso se trata este ejercicio, de aprender a estar presente y disfrutar del presente como un regalo divino. Por eso, te regalo un momento de la lista, pero prométeme que lo disfrutarás.

Este vale te da permiso para disfrutar de uno de estos momentos:

- ☑ Comer en tu restaurante favorito con tu persona favorita
- ☑ Darte una sesión de belleza
- ☑ Recibir un masaje terapéutico
- ☑ Ir al cine y comprarte el combo que más te guste
- ☑ Echarte una siesta
- ☑ Darte un baño relajante
- ☑ Comprarte ropa nueva
- ☑ Pedir comida a domicilio e invitar a unos amigos a comer
- ☑ Regalarte unas flores
- ☑ Estar en pijama y pasar el día leyendo un libro

EVALÚA EL DESAFÍO INCENDIARIO DE LA SEMANA

¿HAS HECHO TU ACTO DE BONDAD?

0   10

DE 1 A 10 MIDE TU IMPLICACIÓN EN EL DESAFÍO.

PARA QUE QUEDE EN TU MEMORIA, DESCRIBE CÓMO FUE TU EXPERIENCIA Y LO QUE SENTISTE AL REALIZARLA.

¿QUÉ TE DIJO LA PERSONA QUE RECIBIÓ TU ACTO DE BONDAD?

- Comerte un dulce, un helado o un chocolate caliente
- Tomar el sol, mientras escuchas música
- Pasear por un lugar bonito con alguien especial
- Caminar descalzo por la playa
- Hacerte una sesión de fotos profesional
- Pedir que alguien te rasque la espalda
- Ir de pícnic al campo
- Abrazar a alguien que amas, durante un minuto
- Poner música y bailar alocadamente
- Jugar con tus hijos y disfrutar como un niño
- Salir a correr

SU PALABRA es como un FUEGO ARDIENTE metido en mis HUESOS

JEREMÍAS 20:9

#6 Desafío INCENDIARIO
DALE el Mensaje a una PERSONA

ESTE ES EL ÚLTIMO DESAFÍO INCENDIARIO.
¿RECUERDAS A LO QUE TE DESAFIÉ ANTERIORMENTE?

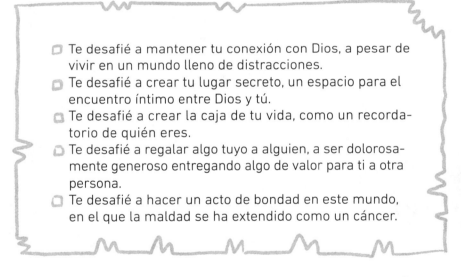

- ☐ Te desafié a mantener tu conexión con Dios, a pesar de vivir en un mundo lleno de distracciones.
- ☐ Te desafié a crear tu lugar secreto, un espacio para el encuentro íntimo entre Dios y tú.
- ☐ Te desafié a crear la caja de tu vida, como un recordatorio de quién eres.
- ☐ Te desafié a regalar algo tuyo a alguien, a ser dolorosamente generoso entregando algo de valor para ti a otra persona.
- ☐ Te desafié a hacer un acto de bondad en este mundo, en el que la maldad se ha extendido como un cáncer.

Me emociono mientras escribo estas líneas pensando en ti realizando todos estos retos, consumiendo tu apatía y ardiendo con una pasión renovada por Dios y sus propósitos.

El último desafío incendiario es dar el mensaje a una persona. Me refiero a comunicar la buena noticia del amor de Dios a una persona de tu entorno que aún no la conoce.

¿CÓMO LO HARÁS?

En los próximos cinco días te pediré que hagas varias cosas, estate muy atento, para concluir el día 40 entregando el mensaje a una persona. Este mensaje lo entregarás en forma de un paquete regalo. Lo que debes hacer hoy es preguntarle al Espíritu Santo quién es esa persona a la que debes darle el mensaje. Las únicas dos condiciones son:

QUE NO SEA CRISTIANA.
QUE TENGÁIS RELACIÓN.

Puede ser cualquier persona de tu círculo social o familiar. Ahora, cierra tus ojos y pregunta al Espíritu Santo:

«¿QUIÉN ES LA PERSONA A LA QUE DESEAS QUE DÉ EL MENSAJE?»

Día 36 //

no pierdas esa OVEJA

«Dijo Saúl a David: No podrás tú ir contra aquel filisteo, para pelear con él; porque tú eres muchacho, y él un hombre de guerra desde su juventud. David respondió a Saúl: Tu siervo era pastor de las ovejas de su padre; y cuando venía un león, o un oso, y tomaba algún cordero de la manada, salía yo tras él, y lo hería, y lo libraba de su boca; y si se levantaba contra mí, yo le echaba mano de la quijada, y lo hería y lo mataba. Fuese león, fuese oso, tu siervo lo mataba; y este filisteo incircunciso será como uno de ellos, porque ha provocado al ejército del Dios viviente».
(1 Samuel 17:33-36)

Es en la transición entre la promesa y su cumplimiento donde vas a atravesar una de las pruebas más determinantes de tu vida: la prueba de la fidelidad. Deseo dejar grabada esta verdad en lo profundo de tu alma. Este mundo aplaude el carisma, pero el cielo aplaude la fidelidad.

Si has leído la historia de aquel pastorcito que llegó a ser rey, contéstame a esta pregunta:

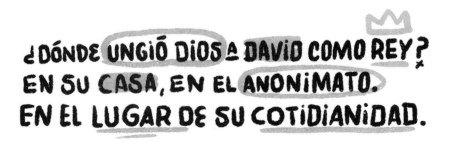

¿DÓNDE UNGIÓ DIOS A DAVID COMO REY? EN SU CASA, EN EL ANONIMATO. EN EL LUGAR DE SU COTIDIANIDAD.

De la historia de David, aprendemos que, muchas veces, Dios te mantiene por largo tiempo oculto. En la sombra. Te esconde durante años de la mirada de los hombres para que aprendas a vivir solo para la mirada de Dios. De hecho, David era rechazado prácticamente por todo su entorno, por lo que tuvo que aprender a vivir para la aprobación de uno solo: su Dios. Allí, en las montañas, donde nadie estaba mirando, fue donde David fue visto por el Eterno. Parecía que nadie miraba a David, excepto Dios, quien no podía dejar de mirarle. David era invisible para su padre, sus hermanos y sus vecinos; sin embargo, su corazón era tan visible para Dios como una antorcha en medio de la oscuridad. ¿Por qué? Porque el corazón de David poseía la virtud que es tremendamente atractiva para Dios, que nunca pasa desapercibida delante de él: la fidelidad.

En serio, a Dios le sobran personas capaces, pero le faltan personas fieles. Vivimos en una cultura que celebra quince minutos de fama, pero el cielo celebra la constancia de la fidelidad. Cada vez me convenzo más de lo determinante que es la fidelidad prolongada en el tiempo para que Dios te promocione. Busca a un muchacho que se esfuerce día tras día en las pequeñas cosas y habrás encontrado a alguien al que Dios se le presentará un día para ofrecerle una gran oportunidad.

Dios no te llama a tener éxito. Dios te llama a ser fiel. No te obsesiones por ser famoso o influyente o poderoso. Procura vivir apasionadamente la etapa que te toca vivir, porque esa será tu promoción. De hecho, esa es mi definición de «fidelidad»: mantener tu corazón conectado y apasionado a algo o a alguien, a pesar de las circunstancias. Una persona fiel se entrega al máximo. Siempre.

Recuerda que lo que parece pequeño no siempre es pequeño. Piensa en esto: ¿no se abre una gran puerta con una pequeña llave? Quien posee la llave domina la puerta. Muchas veces, son las cosas pequeñas las que tienen poder sobre las cosas grandes. Las tareas aparentemente insignificantes pueden ser tu llave de acceso a las grandes oportunidades. Y no solo eso, lo pequeño siempre es tu entrenamiento para la grandeza, porque en el reino de Dios, los reyes deben tener corazón de siervo.

Cuando David, después de ser ungido por Dios como rey, permaneció haciendo lo mismo que hacía con la misma pasión, cuando permaneció fiel sin descuidar su tarea por pensar que era demasiado pequeña para una unción tan grande, Dios confirmó que había ungido a la persona correcta. Su padre le había encomendado la tarea de cuidar del rebaño de ovejas familiar y, aun ungido como rey, regresó a su responsabilidad como pastor.

Déjame demostrarte cómo la fidelidad de David cuidando de ese pequeño rebaño de ovejas de su papá fue lo que le promocionó delante de Dios para ser el futuro rey de Israel.

La historia cuenta que, mientras aquel muchacho cuidaba del rebaño en el campo, algunos osos y leones salvajes venían con la intención de llevarse como presa a alguna de las ovejas. Ante el peligro, aquel joven, en vez de echarse para atrás como muchos lo habrían hecho, se abalanzaba valientemente sobre aquella bestia salvaje y le arrebataba la oveja de sus fauces, poniendo en riesgo su propia vida para salvar la de aquel animalito. David tenía un sentido de la responsabilidad tan grande que estaba dispuesto al sacrificio por ser fiel a lo que le habían encomendado.

Un muchacho con corazón mercenario hubiese dicho: «No me compensa en nada arriesgar mi vida por una ovejita», pero aquel muchacho con corazón fiel dijo: «Por encima de mi cadáver». ¡Estoy seguro de que salvar a aquella ovejita fue lo que le calificó delante de Dios! Imagino que, cuando Dios vio a un muchacho capaz de cuidar con tanta entrega el rebaño de su papá, pensó: «A este puedo confiarle el cuidado de mi rebaño Israel». Si David era capaz de luchar contra osos y leones para cuidar el pequeño rebaño de su papá, Dios podía entregarle el cuidado de su pueblo.

Cada vez que tratas con respeto, pasión e integridad una pequeña encomienda, te estás entrenando para poseer tu destino. Generalmente, no entendemos lo determinante qué es ser fiel en las pequeñas responsabilidades para ser promovido por Dios para las grandes responsabilidades hasta que ha pasado el tiempo. Solo cuando miramos hacia atrás, logramos unir los puntos. Entonces, entendemos que aquellas cosas pequeñas estaban conectadas con estas cosas grandes. Se tarda en descubrir cómo algo aparentemente insignificante se conecta con nuestro destino profético.

Unos capítulos más adelante, se narra el momento en el que un gran gigante llamado Goliat salió a desafiar al ejército de Israel y todos se paralizaron por el miedo. Nadie quería hacerle frente a aquella bestia. David escuchó cómo Goliat desafiaba al ejército de Dios y se burlaba de él, sin que nadie hiciese nada para detenerlo. Entonces, se presentó delante del rey Saúl para ofrecerse a combatir contra él. Cuando Saúl lo vio, intentó persuadirlo de que no era buena idea, ya que Goliat era un soldado entrenado y él era un sencillo pastorcito. Entonces, David, para convencer a Saúl de su valía, le contó el testimonio de cómo se había enfrentado a los osos y a los leones cuando intentaban arrebatarle alguna oveja. Cuando Saúl escucho el testimonio de David, quedó impresionado, por lo que le dio la oportunidad de pelear aquella batalla. Si has leído la historia completa, sabrás que fue la batalla que le dio la fama. La batalla que sería recordada como el día en el que un muchacho venció a un gigante con una honda y una piedra. Épico.

Pero, piensa en esto. Lo que le dio credibilidad a David delante del rey Saúl fue su testimonio. El testimonio de cómo cuidaba de aquellas ovejas fue la llave que abrió la puerta de la oportunidad para que David pudiese librar la batalla de su vida: el enfrentamiento contra Goliat que le daría la fama y lo catapultaría hacia los propósitos de Dios. Literalmente, fue su testimonio de fidelidad lo que le dio acceso a aquella oportunidad. Es decir, si David hubiese perdido una oveja hubiese perdido su oportunidad, hubiese perdido su promoción, hubiese perdido una victoria histórica para Israel en el nombre de Dios.

Cuando un oso o un león se acercaban a David para tratar de robarle una oveja, en realidad, era Satanás intentado robarle su destino, intentando arrebatarle el testimonio que le daría acceso a la batalla de su vida. Lo que estaba en juego, en aquellas batallas privadas, no era una simple oveja, era la autoridad que le daría acceso a la batalla pública.

Demasiadas personas dejan que Satanás se lleve alguna de sus ovejas, porque creen que es poca cosa, que no es significativo, pero pueden estar perdiendo algo valioso.

« ES SOLO UNA OVEJA », PIENSAN.
« MEJOR NO PELEAR ESTA DIFÍCIL BATALLA SOLO POR UN CORDERITO » SE JUSTIFICAN.
¡ESPERA! PIENSA EN ESTO. ¿CÓMO ARRUINAS TU MATRIMONIO?

Nadie arruina su matrimonio de la noche a la mañana, lo arruina haciendo pequeñas concesiones aparentemente insignificantes: una mirada de lujuria un día, una visita a una página porno otro, una conversación inapropiada... Nadie arruina su destino en un solo momento, lo arruina perdiendo una oveja tras otra. Pequeñas pérdidas, pequeñas infidelidades.

Dejar que Satanás te robe una oveja es darle licencia para que te robe tu propósito. Empieza con una oveja y termina robándote la corona.

Los más jóvenes me preguntan tantas veces:

«Itiel, ¿cuál fue la gran batalla que tuviste que pelear para que Dios te promocionase?».
Y yo les respondo:
«En realidad, nunca he peleado una gran batalla, sino muchas pequeñas batallas cotidianas. Esas pequeñas batallas en la sombra, cuando solo Dios me estaba viendo, han sido el motivo de mi promoción».

Algunos de los que estáis leyendo este libro estáis perdiendo las batallas más determinantes anestesiando vuestras conciencias, diciendo: «Es solo una oveja». Pero nunca es solo una oveja.

Si David hubiese perdido una oveja, no solo hubiese perdido una oveja, hubiese perdido el testimonio que le dio acceso a la batalla que le dio la fama.

No solo hubiese perdido una oveja, hubiese perdido la confianza para callarle la boca a Goliat.

No solo hubiese perdido una oveja, hubiese perdido la corona de rey.

No solo hubiese perdido una oveja, hubiese perdido la inspiración para escribir el Salmo 23.

No solo hubiese perdido una oveja, hubiese perdido el honor de preparar el lugar donde sería construido el templo de Dios.

No solo hubiese perdido una oveja, hubiese perdido un título mesiánico.

¿¡CÓMO?!

¡Sí! Siglos después, Jesús, nuestro mesías, iba a ser conocido como «el hijo de David». Porque, cuando Dios encuentra a alguien como David, se siente complacido de ligar su nombre con el suyo. Aquel que protegió una oveja de su papá le puso nombre al Cordero de Dios. ¿Puedes ver cómo una insignificante oveja puede conectarse con el Cordero de Dios?

LOS ASUNTOS APARENTEMENTE INSIGNIFICANTES PUEDEN ESTAR *conectados* CON LA ETERNIDAD.

Es más, déjame contarte que algunas tradiciones dicen que, tal y como se explica en la Biblia como sigue, cuando «David tomó la cabeza [de Goliat] y la trajo a Jerusalén» (1 Samuel 17:54), el lugar donde dejó la cabeza de Goliat, a las puertas de la fortaleza de Jerusalén que todavía no había sido conquistada, fue conocido siglos después como el Gólgota: el lugar de la calavera. Dejo que esta posibilidad te explote en la cabeza y conectes los puntos: una oveja, un gigante y una cruz.

Querido lector, Dios está buscando a alguien que pelee sus batallas cuando nadie le está mirando. Aquellos que como David fueron entrenados en sus batallas privadas contra el oso y el león, cuando solo Dios los observaba, podrán vencer en la batalla pública contra Goliat, cuando todos estén mirando. Solo a aquellos que han sido fieles cuidando un pequeño rebaño se les podrá confiar una ciudad. Lo que hoy es tu batalla privada, mañana será tu testimonio público.

tu Fidelidad en las pequeñas cosas es lo que te va a promocionar para las grandes responsabilidades

Desde donde te encuentras ahora, no puedes ver tu futuro, pero sí puedes ver tu pasado. Estoy seguro de que has aprendido valiosas lecciones. ¿Qué le dirías al niño que fuiste? Escríbele una carta a ese niño que un día fuiste para hacerle una advertencia, darle algún consejo o decirle algo que necesitaba escuchar.

Querid@ Niñ@:

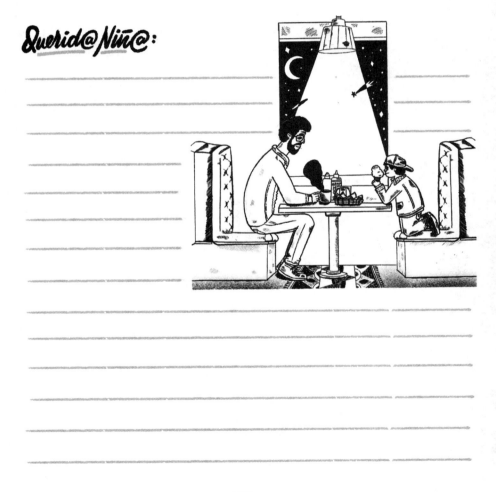

Ensúciate las manos

> «Un hombre descendía de Jerusalén a Jericó, y cayó en manos de ladrones, los cuales le despojaron; e hiriéndole, se fueron, dejándole medio muerto. Aconteció que descendió un sacerdote por aquel camino, y viéndole, pasó de largo. Asimismo, un levita, llegando cerca de aquel lugar, y viéndole, pasó de largo. Pero un samaritano, que iba de camino, vino cerca de él, y viéndole, fue movido a misericordia; y acercándose, vendó sus heridas, echándoles aceite y vino; y poniéndole en su cabalgadura, lo llevó al mesón, y cuidó de él».
> (Lucas 10:30-34)

Amo y odio esta parábola que relató Jesús, la amo y la odio al mismo tiempo. La amo porque nos revela de manera clara cuál es la prioridad para Dios, y la odio porque esta revelación expone sin censura lo torcido que puede estar mi corazón. Esta parábola es una plomada que mide la rectitud de nuestro corazón.

Jesús contó la historia de tres hombres que se cruzaron en el camino con un judío que había sido asaltado y golpeado casi hasta su muerte. Su cuerpo, aparentemente muerto, había sido abandonado en la cuneta, al borde del camino. Aquel moribundo estaba lleno de moratones y heridas que aún sangraban. Ciertamente, parecía un cadáver sin esperanza. El primer hombre que se cruzó con aquel moribundo era un sacerdote, que caminaba deprisa rumbo a Jerusalén para oficiar liturgias religiosas en el templo de Dios. Lo vio y pasó de largo. El segundo hombre que se cruzó con el moribundo era un levita, que también caminaba deprisa rumbo a Jerusalén, para atender asuntos relacionados con la adoración a Dios. Lo vio y también pasó de largo. El tercer hombre que se cruzó con el moribundo era un comerciante de Samaria que, al igual que los otros dos, caminaba de prisa rumbo a Jerusalén, pero no por ningún asunto religioso, sino para hacer negocios. Lo vio, pero, a diferencia de los otros dos, se detuvo. ¿Por qué? Según la descripción de Jesús, porque sintió misericordia por aquel extraño judío. La misericordia hizo la diferencia. La misericordia hizo que interrumpiese su agenda para salvarle la vida. Y así lo hizo, involucrándose en el rescate de aquel hombre, curando sus heridas, cargándolo hasta un mesón y financiando todos los gastos asociados a su recuperación.

Al terminar de contar esta parábola, como acostumbraba a hacerlo, Jesús nos desafió a identificarnos a nosotros en ella.

La mayoría de los cristianos que conozco, generalmente, tienden a identificarse con el buen samaritano y a demonizar al sacerdote y al levita, rechazando la posibilidad de que ellos puedan parecerse a esos inmisericordes que dejaron tirado en el suelo a un hombre moribundo. No exagero, he escuchado a algunos cristianos indignarse tanto con esta historia que se les escapa algún insulto en contra del sacerdote y el levita. ¡A veces somos muy apasionados cuando se trata de apedrear a otros! Pero ¿realmente somos nosotros mejores que ellos? Sinceramente, creo que no. Y lo creo porque cuando entiendes el contexto de la situación, te das cuenta de que constantemente actuamos de manera similar a ellos. El contexto puede cambiarlo todo y, en un contexto determinado, es posible que tú también fueses tentado a pasar de largo. Te lo aseguro.

En realidad, el sacerdote y el levita no eran unos tiranos, no eran gente malvada, sencillamente eran unos profesionales de la religión que se habían hecho insensibles al dolor del prójimo por creer que las liturgias son más importantes que las personas. De hecho, el sacerdote y el levita se parecían bastante a las personas que están involucradas de corazón en los asuntos de la iglesia. Aquellos profesionales de la religión no ayudaron al moribundo, no porque fueran crueles, sino porque no querían quedar contaminados según las leyes ceremoniales que regulaban la adoración a Dios en el templo. ¡Piénsalo! Eran profesionales religiosos que tenían la responsabilidad de oficiar el culto a Dios en el templo. Por eso, no querían mancharse las manos tocando algo impuro, a fin de tenerlas limpias para ejercer su oficio religioso. Según la ley litúrgica pronunciada por Dios y que quedó registrada en el libro de Levítico, los sacerdotes y levitas tenían prohibido tocar «lo muerto» cuando iban a realizar su oficio religioso. Si lo hacían, quedaban contaminados y, por lo tanto, inhabilitados para la adoración. Si se contaminaban tocando algo muerto con sus manos, debían romper sus

vestiduras religiosas, comprarse unas nuevas y pasar por un estricto ritual de purificación que se demoraba durante días. Durante todo ese tiempo, no podían realizar su oficio religioso, causando molestias a los que dependían de su ministración. Por lo tanto, no tocar a ese hombre que parecía estar muerto era un acto de obediencia a una ley ceremonial pronunciada por Dios mismo. No lo estaban haciendo por maldad, sino por devoción, pero por una devoción desenfocada. Tristemente, sus mentes habían sido oscurecidas por el «legalismo» (me refiero al legalismo como la actitud que antepone la aplicación estricta de las leyes a cualquier cosa, incluso a la salvación de las personas). Siendo claros, creían que para Dios es más importante que se realice un ritual religioso a que se salve la vida de un hombre. Así de crudo. Así de contemporáneo.

Ahora, ¿ves cómo el contexto cambia la manera en la que percibimos al sacerdote y al levita? No eran demonios, eran fieles devotos religiosos que perdieron el enfoque de lo realmente importante para Dios. Cuando ocurre esto, llegas a ofender a Dios... en el nombre de Dios.

Jesús confrontó severamente a los profesionales religiosos por perder el enfoque, por creer que los asuntos secundarios de la fe eran más importantes que los asuntos primarios.

> «¡Ay de vosotros, escribas y fariseos, hipócritas! porque diezmáis la menta y el eneldo y el comino, y dejáis lo más importante de la ley: la justicia, la misericordia y la fe».
> (Mateo 23:23)

Jesús lo declaró muchas veces: en el reino de Dios hay leyes superiores y hay leyes inferiores. Por eso, confrontó a los profesionales de la religión por ser superestrictos guardando la ley del diezmo, contando cada hojita y cada semillita con precisión matemática, pero descuidando la ley superior de la justicia, la misericordia y la fe. No es que diezmar no tuviese importancia para Dios, pero, en comparación, diezmar es inferior a mostrar misericordia al que sufre. ¿Te los puedes imaginar en la mesa de la cocina contando durante horas, una por una, las especias que habían cultivado en su jardín para apartar el 10 % como ofrenda a Dios? ¡Tan distraídos contando hierbas que se olvidaron de hacer el bien a su prójimo! Pero lo peor es que, a causa del legalismo, el corazón se les endureció tanto que perdieron la sensibilidad, inhabilitando su capacidad de discernir entre lo bueno y lo malo. De hecho, Jesús los acusó de robar a las viudas y acallar sus conciencias haciendo largas oraciones a Dios. ¿Se puede ser más ruin?

Una de las manifestaciones más claras de que tu corazón ha sido nublado por el legalismo es que llegas a creer que los asuntos secundarios son los primarios. El sacerdote y el levita, por no transgredir la ley de limpieza ceremonial, transgredieron la ley superior de misericordia. Pusieron sus intereses religiosos por encima de la compasión y, al no querer mancharse las manos socorriendo al moribundo, se contaminaron el corazón con la impiedad.

EN NUESTRO PROPIO CONTEXTO, ¿NO HACEMOS NOSOTROS LO MISMO QUE EL SACERDOTE Y LEVITA?

Caminamos deprisa rumbo a la iglesia para asistir a la reunión, cumplir con el ritual, recitar nuestro credo y echar nuestro diezmo, pero nos olvidamos del que sufre en el camino. En el camino de la vida, nuestros ojos no ven al necesitado porque están ocupados contando hierbitas. Así, anestesiamos nuestras conciencias, que ya no sienten el dolor del que se duele.

Nuestras iglesias están llenas de «contadores de hierbas», tan enfocados en preservar eso que llaman la «sana doctrina» que han dejado de ser una comunidad sanadora; tan amadores de la liturgia que creen el hombre debe servir al sábado, en vez de el sábado servir al hombre; tan estrictos con los requisitos de entrada a la comunidad que los pecadores dicen «ya iré a la iglesia cuando esté bien», en vez de venir a la iglesia para ponerse bien.

¿ME EXPLICO? ES FÁCIL SER EL SACERDOTE O EL LEVITA EN EL CONTEXTO DE NUESTRA PROPIA DEVOCIÓN RELIGIOSA.

Un domingo, salí de casa apurado para llegar al culto. Iba con retraso y me sentía nervioso por ello, ya que desde niño mis padres me habían enseñado que llegar a tiempo a la reunión de la iglesia era una manera de honrar a Dios. Caminaba deprisa rumbo a mi coche cuando, de pronto, me encontré con un vecino que me pidió ayuda. Al parecer, su coche se había quedado sin batería y necesitaba arrancarlo para atender un asunto familiar importante. Yo tenía en mi auto las pinzas necesarias para transferirle carga desde mi batería, pero hacerlo iba a requerirme acercar mi coche hasta el suyo, abrir los capos, conectar los cables y hacer la maniobra de arranque. Es decir, tiempo que no tenía si quería llegar puntual al culto. ¡Y peor aún! Implicaba ensuciarme las manos con el aceite del motor haciendo toda la maniobra. No tardé más de cinco segundos en imaginarme a mí mismo con las manos sucias llegando tarde a la reunión y rechacé esa incomodísima posibilidad. Por lo que le mentí diciéndole que no tenía las pinzas y me disculpé para salir corriendo rumbo a la iglesia. Miré a otro lado y pasé de largo. Aceleré mi coche y logré llegar justo a tiempo para rendirle culto a Dios. La música de adoración empezó a sonar y levanté mis manos limpias a Dios. Entonces le escuché reprendiéndome: «Itiel, me molestan tus manos limpias, hubiese preferido que me ofrecieses tus manos sucias de aceite por haber ayudado a tu prójimo. Una adoración como esta no me agrada».

Ese DÍA Aprendí que, a veces, unas MANOS sucias SON LA MEJOR OFRENDA Para DIOS

¡Qué horrible es presentarse delante de Dios con las manos limpias por no haberlas querido ensuciar ayudando al prójimo! Yo no quiero presentarme delante de Jesús con mis manos limpias, quiero presentarme con mi corazón limpio, pero con mis manos sucias por haberlas manchado sacando del barro a los que han caído en el hoyo. A veces, el culto a Dios está al borde del camino y no en la catedral.

El samaritano, a diferencia del sacerdote y el levita, se ensució las manos. ¿Por qué? Porque sintió misericordia. La palabra «misericordia» proviene del latín y es una conjugación de dos palabras: «Miseria» y «Corazón». Es decir, misericordia es la capacidad que tienen algunos corazones de sentir la miseria de los demás. Por eso, la misericordia siempre te perjudica de alguna manera, porque hace que tu corazón deje de latir por ti y lata por otro, te quita del centro, te mata el ego. La misericordia es sentir el dolor del otro y hacer algo para aliviarlo. Por esa razón, la misericordia siempre rompe tu agenda, te pone en riesgo, te incomoda y te estira en favor del prójimo. La misericordia duele, pero ese dolor nos identifica más que cualquier otra virtud con Jesús.

Con el deseo de parecerme más a Jesús, he tomado el atrevimiento de orar: «Que mi corazón se rompa con aquello que rompe tu corazón». Creo que alinearnos con las emociones del corazón de Dios es la cura al legalismo que insensibiliza nuestro corazón.

Sin duda, Jesús contó esta parábola para mostrar lo inaceptable que es una devoción religiosa que carece de misericordia, lo vomitiva que es para Dios nuestra adoración sin compasión. Por eso, les dijo una y otra vez a los profesionales religiosos y también nos dice a nosotros:

«Misericordia quiero, y no sacrificio».
(Mateo 9:13)

La misericordia es el epicentro del mensaje divino. Porque, más que los sacrificios rituales, las fiestas solemnes o las liturgias de culto, Dios quiere misericordia. Nuestros sacrificios religiosos son secundarios. Quizá esta afirmación no te resulte muy impactante, pero te aseguro que fue estremecedora para los oídos de los judíos que la escucharon en aquel momento. Entiende esto: toda la identidad judía estaba ligada al templo de Jerusalén y a los rituales que se hacían en él. La ciudad giraba en torno al mismo, era el edificio de referencia y la razón por la cual judíos de todos los lugares peregrinaban anualmente a Jerusalén. Esos sacrificios se habían convertido en su identidad nacional, en lo que los distinguía de los demás pueblos, lo que les hacía especiales a sus ojos. Entonces, Jesús se pone a la puerta de ese lugar y señalándolo con el dedo dice: «A Dios le importa bastante poco toda la sangre animal que derramáis en ese altar si os olvidáis de hacer misericordia. El templo es lo que mueve vuestro corazón, pero la misericordia es lo que mueve el corazón de Dios».

Normal que la élite religiosa quisiera matarlo, porque su mensaje atentaba contra el negocio religioso que habían construido alrededor del templo.

JESÚS LES GRITÓ A LA CARA:
«Las personas son más IMPORTANTES QUE ESTE EDIFICIO DE PIEDRA».
EN UNA OCASIÓN, JESÚS HIZO ALGO ESCANDALOSO PARA LOS LEGALISTAS: TOCÓ A UN MALDITO.

«Vino a él un leproso, rogándole; e hincada la rodilla, le dijo: Si quieres, puedes limpiarme. Y Jesús, teniendo misericordia de él, extendió la mano y le tocó, y le dijo: Quiero, sé limpio. Y así que él hubo hablado, al instante la lepra se fue de aquel, y quedó limpio».
(Marcos 1:40-42)

El Evangelio narra el momento en el que un leproso salió al encuentro de Jesús y, arrodillándose frente a él, le dijo: «Si quieres, puedes limpiarme».

¿POR QUÉ EL LEPROSO PUSO EN DUDA SI JESÚS QUERRÍA SANARLO?

Porque, durante años, los profesionales religiosos le habían dicho que Dios no lo quería. De hecho, afirmaban que su lepra era una señal del desprecio divino. En el contexto en el que ocurrieron los hechos, los leprosos eran considerados personas malditas por Dios y se les recordaba constantemente que eran despreciables.

Eso era lo que tenían grabado en sus mentes: «Dios no me quiere». Además, tenían prohibido trabajar, por lo que vivían de las limosnas, y debían abandonar a sus familias y vivir en leprosarios fuera de la ciudad. Pero, sin duda, lo peor de todo era que nadie podía tocarlos. Nadie. Según la ley escrita en el libro de Levítico, quien tocaba a un leproso quedaba contaminado y debía aislarse durante un tiempo. Por esa razón, el leproso debía hacer sonar una campanita cuando caminaba por la ciudad para pedir limosna y gritar: «¡Impuro, impuro!», para advertir de su presencia y evitar que alguien lo rozase por accidente. Algunos líderes religiosos, para prevenir que se acercasen demasiado a ellos y los pudiesen contaminar ritualmente, los espantaban tirándoles piedras y escupiéndoles. Era degradante.

¿Puedes imaginar cómo se deteriora tu identidad cuando ningún otro ser humano te toca durante años? Piensa en ello por unos instantes. No sentir el tacto de otra persona durante décadas, olvidar lo que es ser abrazado, acariciado y besado. Eso te destruye el alma.

POR ESO, JESÚS, ANTES DE SANAR SU LEPRA, LE TOCÓ. REPITO, LE TOCÓ CON LEPRA. SE CONTAMINÓ RITUALMENTE.

Aunque Jesús fácilmente podría haberle sanado con el poder de su palabra, como ya lo había hecho antes con otros enfermos, a este le tocó. Porque quería transmitirle un mensaje a su alma: «No eres un maldito. Dios te quiere aun con tu lepra». Y, además, le tocó a la vista de todos los legalistas, para que pudiesen ver que Dios no tiene miedo a ensuciarse las manos, que la misericordia es superior a cualquier ley de purificación y que el amor no puede contaminarse. Delante de todos, Jesús estaba afirmando que a aquel que ellos llamaban «impuro» Dios le llamaba «amado».

Puedo imaginarme a Jesús acariciando su rostro desfigurado por la lepra y diciéndole con ternura: «Quiero y siempre he querido. Aunque nadie te lo haya dicho, hasta ahora. Sé limpio».

Conmovedor. Subversivo.

¿Qué experimentaría aquel leproso en su alma al sentir el calor de una caricia humana por primera vez en años?

Jesús nos enseña que la misericordia siempre se ensucia las manos. Y tú, ¿vas a ensuciarte las manos o pasarás de largo? ¿Tocarás al maldito o lo evitarás? ¿Dejarás que la misericordia venza al legalismo en tu alma?

NOTA MENTAL

AMA A LAS PERSONAS.
USA LAS COSAS.
NUNCA AL REVÉS.

☐ *Ahora tú.*

¿Recuerdas a la persona que el Espíritu Santo te mostró en el desafío incendiario de esta semana?

ENSÚCIATE LAS MANOS POR AMOR A ESA PERSONA.

Escribe su nombre en la palma de tu mano por las próximas veinticuatro horas. ¿Para qué? Para que cada vez que veas su nombre, hagas una breve oración a favor de esa persona, según cómo el Espíritu Santo te guíe:

- PARA QUE SU CORAZÓN SE HAGA SENSIBLE AL LLAMADO DE JESÚS.

- PARA QUE SEA LIBRE DE LA ESCLAVITUD DEL PECADO.

- PARA QUE TODA LA INFLUENCIA DE SATANÁS QUE LE ESTÁ CEGANDO SEA ELIMINADA.

- PARA QUE TENGA UN ENCUENTRO CON EL AMOR DIVINO.

«Porque el Hijo del Hombre ha venido para salvar lo que se había perdido. ¿Qué os parece? Si un hombre tiene cien ovejas, y se descarría una de ellas, ¿no deja las noventa y nueve y va por los montes a buscar la que se había descarriado? Y si acontece que la encuentra, de cierto os digo que se regocija más por aquella, que por las noventa y nueve que no se descarriaron. Así, no es la voluntad de vuestro Padre que está en los cielos, que se pierda uno de estos pequeños».
(Mateo 18:11-14)

Existe una pregunta que debe ser respondida si queremos entender las motivaciones de Jesús, cuya respuesta no parece estar tan clara para todos aquellos que decimos ser parte de su movimiento:

«¿QUÉ VINO A HACER JESÚS A ESTE MUNDO?

¡Es una pregunta fundamental! ¿O no? Por lo que uno esperaría que todo cristiano tuviese una respuesta clara antes de denominarse seguidor de Cristo. Porque, si somos el movimiento de Jesús, deberíamos tener el mismo énfasis que él tuvo. Es decir, la Iglesia existe para seguir promoviendo los intereses de Jesús aquí en la tierra. Sin embargo, observando el énfasis de algunos cristianos, parecería que la respuesta no es tan obvia para todos como cabría esperar, como si cada uno tuviese una idea diferente de cuáles son las motivaciones de Jesús.

Por el énfasis de algunos cristianos en invertir grandes cantidades de tiempo, esfuerzo y dinero en construir edificios bonitos, esos que llaman templos o catedrales, parecería que Jesús vino a inaugurar una inmobiliaria. Por el énfasis de otros cristianos en lograr éxito y status, parecería que Jesús vino a construir una empresa de *marketing*. Por el énfasis de otros muchos cristianos en lograr poder político, parecería que Jesús vino a fundar un partido. Querido lector, nuestro énfasis como cristianos manifiesta lo que pensamos que son los intereses de Jesús. Por esa razón, creo que es vital asegurarnos de tener el mismo énfasis que él tuvo. De lo contrario, no justificamos el motivo de nuestra existencia como Iglesia.

ENTONCES, ¿CUÁL ES LA RESPUESTA CORRECTA? DEJEMOS QUE SEA JESÚS QUIEN RESPONDA A LA PREGUNTA.

Cuando le preguntaron a Jesús por qué había venido a este mundo, contestó que había venido para «salvar lo que se había perdido» (Mateo 18:11) y después contó una parábola para asegurarse de que le entendíamos bien. Narró la historia de un pastor que tenía 100 ovejas, pero que, al perderse una de ellas, dejó a las 99 en el redil y emprendió una búsqueda desesperada por el desierto, las montañas y el valle en busca de la que se le había perdido. Una sencilla, pero efectiva, metáfora para revelarnos la fuerza impulsora de su corazón. Su motivación más poderosa.

Estoy convencido de que, con esta parábola, Jesús nos estaba describiendo su corazón. Nos estaba gritando que su corazón es como el de un pastor que está dispuesto a hacer lo que sea necesario para encontrar a su oveja perdida. Pero también estoy convencido de que con esta parábola Jesús estaba desafiando a sus discípulos. Nos estaba desafiando a nosotros a tener el mismo corazón que él tiene. Un corazón de pastor de ovejas perdidas.

Ahora, déjame hacerte una confesión. Si hay una declaración hecha por Jesús que no puedo quitarme de la cabeza, que es como una espina clavada en mi mente que no puedo ignorar, que me persigue y no me deja escapar, es esta:

> «Así, no es la voluntad de vuestro Padre
> que está en los cielos, que se pierda uno».
> (Mateo 18:14)

Este pastor llamado Jesús deja a las 99 ovejas en el redil y comienza una búsqueda desesperada por el desierto, las montañas y el valle en busca de la oveja que se le había perdido. Repito, deja a las 99 y hace un esfuerzo desproporcionado solo por una.

DES-PRO-POR-CIO-NA-DO

¡Y esto es lo que me incomoda de esta parábola! El esfuerzo desproporcionado que este pastor hace solo por encontrar a una oveja.

Porque, siendo honestos, estadísticamente hablando, perder a una oveja era una perdida asumible. El 99 % de ellas estaba a salvo, solo el 1 % se había perdido. ¿No crees que un 1 % de pérdida es una pérdida asumible? La mayoría de las empresas se sentirían satisfechas con un 99 % de los objetivos alcanzados. Está dentro de los márgenes aceptables. Estadísticamente hablando, desde los parámetros que gobiernan la mente de aquellos que nos llamamos «racionales», era absurdo dejar a las 99 solo por una, era un desperdicio de tiempo, recursos y energía. ¡Y además era peligroso para el pastor! Ya que emprender esa búsqueda incierta le haría enfrentarse al terror de la noche y a las fieras del campo. Racionalmente hablando, por una no valía la pena el esfuerzo.

Pero, querido lector, el corazón de este pastor parece que no entiende de estadísticas, parece que no entra dentro de lo racional de una mente analítica. Porque este pastor está emocionalmente involucrado con esa

oveja perdida. Para él, esa oveja no es solo un número: es su oveja. Es suya, de su pertenencia. El pastor la vio nacer, la puso nombre, la alimentó y esquiló su lana. Para el pastor de esta parábola, salvar a esa oveja merece el riesgo de poner su propia vida en peligro. Jesús está emocionalmente involucrado con esa oveja. Para él, no es un dato en el conteo general del redil, la llama por su nombre. ¡Sí! Lo sé. Es estadísticamente absurdo hacerlo, pero esta parábola no fue contada para entenderse con la razón, sino con el corazón. Porque eso es lo que intenta revelarnos: la fuerza impulsora del corazón de Dios.

Este pastor es movido solo por una.
Una es importante para Jesús.
¿Captas el mensaje?
No es la voluntad de Dios que se pierda una.
No es su voluntad. ¡No lo es!
Peléate con estas palabras como yo lo hago cada día. Que te roben tu egoísta tranquilidad para dormir por las noches. Que te arruinen tu cómoda somnolencia emocional.
Porque, si te tomas en serio a Jesús, no puedes ignorar este mensaje.

Aunque multitudes seguían a Jesús, él no vio números, él siempre vio personas. ¡Que diferente es el corazón de Jesús al nuestro! Nosotros siempre obsesionados con los números. Jesús siempre obsesionado con las personas. Nosotros tan obsesionados con las estadísticas de crecimiento de nuestras redes sociales, valorando la importancia de una persona por su número de seguidores en Instagram, decidiendo si prestamos mucha o poca atención a un individuo dependiendo de un numerito llamado *followers*. Nosotros tan obsesionados con los números de nuestra cuenta bancaria y con los números de nuestra báscula. Calculando los porcentajes de crecimiento de la inflación y calculando las estadísticas de partidos ganados de nuestro equipo de fútbol favorito. Incluso he visto como algunos de nosotros, personas de influencia en la Iglesia, medimos nuestro éxito por el número de personas que asisten a nuestras reuniones los domingos o por el número de visualizaciones de nuestros vídeos en YouTube.

NÚMEROS, NÚMEROS Y MÁS NÚMEROS.

De hecho, me parece revelador que en el libro de Apocalipsis se afirme que el Anticristo marca a los seres humanos con un número (Apocalipsis 13:17); sin embargo, Cristo regala a los suyos una piedrecita blanca con un nombre nuevo que él mismo les pone (Apocalipsis 2:17). Da que pensar. ¿Será que cuando nos importan más los números que los nombres estamos siendo influenciados por el espíritu del Anticristo?

¡Cuántas veces Jesús está susurrando el nombre de personas a tu corazón, mientras tu cabeza está distraída calculando algo! Este pastor espera que algunos de sus discípulos continúen con sus intereses, que sean poseídos por sus mismas motivaciones, que tampoco entiendan de estadísticas, que sean los pastores que pierdan la razón y hagan esfuerzos desproporcionados para rescatar a las ovejas perdidas.

Desgraciadamente, me he dado cuenta de que en la Iglesia muchos quieren ser el pastor de las 99 ovejas ordenadas, limpias y obedientes del redil, pero Jesús se pregunta: «¿Quién quiere ser el pastor de las ovejas perdidas? ¿Quién quiere ser como yo?». Pero, ¡claro! Cuando te distraes intentando hacerte el importante entre las 99, pierdes la oportunidad de ser como Jesús.

En los Evangelios, constantemente, vemos a Jesús dejando a las multitudes y haciendo esfuerzos desproporcionados solo para salvar a una persona. Permíteme ponerte tres ejemplos.

En el Evangelio de Marcos, capítulo 5, leemos cómo Jesús dejó a una gran multitud que le seguía y cruzó en barco el mar de Galilea para ir a una región llamada Gadara. Lo hizo porque en aquel lugar había un hombre loco que andaba desnudo por los cementerios, un endemoniado del que todos huían asustados, pero que Jesús quería liberar con su poder y convertirlo en un evangelista. Jesús dejó a una multitud que le aclamaba solo por uno.

En el Evangelio de Juan, capítulo 4, leemos cómo Jesús dio un rodeo antes de ir a la gran fiesta en Jerusalén para entrar en Sicar, una ciudad de gente menospreciada, gente mestiza, considerados ciudadanos de segunda por los judíos racistas. Lo hizo porque en aquel lugar había una mujer samaritana cuya vida emocional y sexual estaba tan desordenada que era la protagonista de todos los rumores del vecindario, pero Jesús quería encontrarse con ella en el pozo de la aldea y revelarse como aquel que podía saciar la sed de su alma. Una vez más, Jesús dejó las fiestas multitudinarias en la capital solo por una.

En el Evangelio de Lucas, capítulo 19, leemos cómo Jesús entró en la ciudad de Jericó y fue rodeado por una masa de admiradores que querían tocarle. Literalmente, cientos de personas estaban rodeándole, pero Jesús se paró, en medio de la multitud, no se dejó fascinar por las masas, sino que fijó su mirada en un hombre que era tan bajito que se había tenido que subir a un árbol sicómoro para ver a Jesús. Aquel hombre se llamaba Zaqueo y era odiado por todos porque era una especie de político corrupto que robaba a las personas amparado por el poder. Entonces, Jesús, sin importarle lo que dirían de él los demás, sin prestar atención a la crítica, le pidió a Zaqueo que bajase del árbol y que le recibiese en su casa. Jesús lo hizo porque sabía que una conversación sería suficiente para que Zaqueo fuese transformado en el hombre más justo y generoso de Jericó. Sorprendentemente, Jesús desestimó la popularidad entre la multitud solo por uno.

SOLO POR UNO.

Porque uno es valioso para Jesús, esté en la condición que esté, aunque sea un endemoniado gadareno del que todos huían, una mujer samaritana con desórdenes emocionales o un político corrupto odiado por todos.

¿POR QUÉ?

«Porque de tal manera amó Dios al mundo, que ha dado a su Hijo unigénito, para que todo aquel que en él cree, no se pierda, mas tenga vida eterna».
(Juan 3:16)

Decimos constantemente que Jesús murió en la cruz por el «mundo», y, aunque es cierto, olvidamos que Jesús hubiese estado dispuesto a morir en la cruz solo por «uno», solo por ti. Entiende esto y déjate afectar por lo que significa. Si solo tú, solamente tú en toda la historia, hubieses respondido al llamado de Jesús, Jesús consideraría que derramar cada gota de su sangre en la cruz fue un precio que mereció la pena pagar solo por ti.

TÚ VALES CADA GOTA DE LA SANGRE DE JESÚS.

¿CUÁNTO VALEN LOS GADARENOS, LAS SAMARITANAS O LOS ZAQUEOS? VALEN CADA GOTA DE LA SANGRE DE JESÚS.

¿CUÁNTO VALEN LOS HOMOSEXUALES, LOS INMIGRANTES O LOS DE LA OTRA IDEOLOGÍA? VALEN CADA GOTA DE LA SANGRE DE JESÚS.

¡Entiéndelo! Cuando menosprecias a alguien por su color, su orientación sexual, su posición política o por cualquier otra cosa, estás menospreciando a alguien que vale cada gota de la sangre de Jesús. Al menospreciarles a ellos, menosprecias la sangre de Jesús. Cuidado con eso, tu menosprecio puede ser un sacrilegio.

Tú puedes argumentar todas las razones por las cuales crees que una persona concreta vale más o menos que otra, basándote en tus preferencias y prejuicios, como cuando yo estaba en una galería de arte debatiendo con un experto por qué creía que un cuadro concreto no merecía valer un millón de dólares. Me parecía que algo tan simple no podía valer tanto. Él me contestó que su valor no lo determinan sus materiales, como el lienzo, el marco o la pintura, sino que su valor lo determina el precio que alguien está dispuesto a pagar para obtenerlo de forma exclusiva. De la misma manera, el valor de alguien está determinado por lo que Dios estuvo dispuesto a pagar para obtenerlo en exclusividad: su sangre.

Cuando el pastor de esta parábola encuentra a la oveja perdida, metida en un hoyo, sucia por sus propios excrementos y con múltiples heridas, no la castiga, sino que la toma en sus brazos, la pone sobre sus hombros y la carga de vuelta al redil. Mientras el pastor la lleva sobre sus hombros, huele su desagradable olor, se ensucia con el barro de su lana y con la sangre de sus heridas, pero este pastor no se molesta, porque está feliz que ha encontrado a su oveja. Regresa al redil, exhausto por el largo camino, cargando con el peso de la oveja, de aproximadamente cuarenta kilos. ¿Te imaginas ese peso sobre tus hombros? Una vez allí, la limpia, la cura y la alimenta. Porque es su oveja. Sabe su nombre.

¿SABES A QUÉ TERMINARÁ OLIENDO ESTE PASTOR? A OVEJA PERDIDA.

¿SABES A QUÉ OLÍA JESÚS? QUIZÁ TE SORPRENDA, QUIZÁ TE INCOMODE.

Jesús OLÍA A... PUBLICANO. LEPROSO. BORRACHO. PROSTITUTA.

Jesús olía a ovejas perdidas porque estaba cerca de ellas, las invitaba a la mesa, las escuchaba y las hablaba al corazón. Las cargaba sobre sus hombros de vuelta al redil. Uno siempre huele a lo que carga. Así olía Jesús, y a la élite religiosa les molestaba su olor.

¿A QUÉ HUELES TÚ?

Algunos en la Iglesia presumen de oler tan bien, que jamás los verás ensuciando sus trajes y corbatas cargando a una oveja perdida.

Algunos en la Iglesia prefieren oler a reunión de las 99, que impregnarse del olor de la calle mientras buscan a la perdida.

Algunos en la Iglesia dicen que huelen a limpio, pero, en realidad, huelen a apatía.

¡No saben que a Jesús le gusta más el olor a barro del que salva que el olor a perfume del que canta!

Aún recuerdo cómo Jesús me confrontó cuando juzgué a un hombre que asistía a nuestra iglesia por su olor. Solía llegar tarde a las reuniones, siempre corriendo y un poco desaliñado. Al cruzarme con él, pude percibir el olor a humo de tabaco impregnado en su ropa. Rápidamente, le juzgué en mi corazón, acusándole en silencio de fumador sin dominio propio. Hasta que, inevitablemente, tuve que mantener una conversación con él y me relató su historia. Me contó cómo cada domingo iba a la casa de un hombre anciano, que había sido olvidado por su familia, le aseaba, le hacía la comida y le limpiaba la casa, antes de ir a la reunión dominical. Me contó que pasaba largas horas sentado a su lado, dándole valor, mientras le escuchaba hablar con añoranza de sus años jóvenes. Me confesó que aquel anciano era un fumador empedernido, pero que le merecía la pena soportar el humo por hacerle compañía. Entonces, pude escuchar a Jesús diciéndome en silencio: «Itiel, este hombre que juzgaste, para mí, hoy huele mejor que tú».

Querido lector, quizá no puedes salvar a miles, pero puedes salvar a uno. Dios quiere que interrumpas tus planes, solo por uno. Dios quiere que hagas un esfuerzo desproporcionado, solo por uno.

Como estamos hablando de olores, vamos a hacer algo relacionado con el olfato.

¿Recuerdas a la persona que el Espíritu Santo te mostró en el desafío incendiario de esta semana?

LLÁMALA Y PREGÚNTALE:
«¿CÚAL ES EL OLOR QUE MÁS TE GUSTA?».

(Aclárale que puede ser el olor de cualquier cosa: una esencia, una comida, una planta...)

El motivo por el cual le haces esta pregunta es porque, a partir de la respuesta que te dé, debes comprarle un regalo relacionado con esta. No le entregues el regalo hasta que llegues al día 40. Ese día te explicaré qué tienes que hacer con lo que has comprado.

Probablemente, quiera saber por qué se lo preguntas, pero no le respondas. Dile que será una sorpresa.

Día 39 //

HUECOS en el Corazón

Lee esta frase, palabra por palabra.
Ahora, lee también esta otra frase.
Por favor, lee esta última frase.
Cada frase leída tiene seis palabras.
Fíjate bien en este pequeño detalle.
Seis palabras por cada frase leída.
¿Cuánto tardas en leer una frase?
Probablemente, un segundo por cada frase.
Uno, dos, tres, cuatro, cinco, seis.
Es suficiente, dejémoslo así, por favor.

¿Sabías que, según las estadísticas oficiales de la Organización Mundial de la Salud, cada segundo, dos personas mueren en el planeta Tierra?

Eso significa que, por cada frase leída anteriormente, dos personas han muerto en algún lugar del mundo. Por cada seis palabras leídas, dos personas han perdido la vida en algún rincón de este planeta. Dos personas muertas cada segundo. De hecho, según esta estimación, al terminar de leer las diez primeras frases de este capítulo, las primeras sesenta palabras, veinte personas han fallecido en el mundo. Su muerte puede ser por diversas razones, eso no nos compete ahora, la cuestión que deseo enfatizar es que ahora mismo están muriendo personas.

PERO LLEVEMOS ESTE CÁLCULO AÚN MÁS LEJOS.

Si este libro tiene aproximadamente unas 60.000 palabras, ¿cuántas personas habrán muerto cuando termines de leer este libro? Hagamos una sencilla regla de tres.

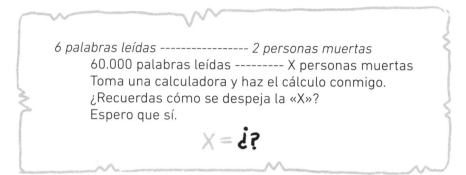

6 palabras leídas ----------------- 2 personas muertas
  60.000 palabras leídas --------- X personas muertas
  Toma una calculadora y haz el cálculo conmigo.
  ¿Recuerdas cómo se despeja la «X»?
  Espero que sí.

$$X = ¿?$$

SE ME ERIZA LA PIEL AL VER ESTE NÚMERO.

En el tiempo que invertirás en leer este libro, aproximadamente, unas 20.000 personas van a fallecer. Personas reales, que respiran, sienten y desean. Seres humanos, de diferentes etnias, culturas y religiones. Para ti, esas personas muertas podrían ser solo una estadística, pero para alguien fue un padre, una hija, un amigo o una esposa.

AHORA, llEVEMOS ESTE CÁLCULO AÚN MÁS LEJOS TODAVÍA.

¿CUÁNTAS DE ESAS PERSONAS QUE VAN A FALLECER MIENTRAS LEES ESTE LIBRO MORIRÁN ETERNAMENTE EN EL INFIERNO?

Lo sé, es una pregunta incomodísima, probablemente no la esperabas. Quiero dejarte bien claro que yo no soy uno de esos predicadores psicópatas que disfrutan hablando del infierno, amenazando a las personas con la perdición eterna mientras disimulan su sonrisita y señalan con su dedo acusador a la audiencia. No me gusta hablar del infierno, me incomoda muchísimo, pero debo hablar del infierno. Pero, créeme, ¡lo hago con dolor en las tripas y lágrimas en los ojos! Como creo que lo hizo Jesús.

La Biblia afirma que personas morirán eternamente en el infierno. Me cuesta hasta escribirlo. Sin embargo, no puedo negar esta dolorosa realidad y no puedo negarla porque la persona que más habló del infierno y de forma más clara fue Jesús. Nuestro salvador nos habló más del infierno que cualquier profeta o apóstol de la Biblia, nos advirtió de que el infierno es un lugar real y nos contó que él vino a salvarnos de lo que este significa.

Jesús describió el infierno con diferentes símbolos, como la «oscuridad de allí afuera», el «fuego eterno» y los «gusanos devoradores», comparándolo con el vertedero de basura a las afueras de la ciudad de Jerusalén, donde se quemaban los despojos y se pudría la carne de animales muertos. Jesús acostumbraba a usar elementos de la realidad cotidiana de sus oyentes como símbolos para describir la realidad espiritual. Lo hacía en cada parábola. Usaba símbolos tales como semillas, ovejas y odres, para describirnos la realidad invisible del reino de Dios. Por esa razón, no es de extrañar que también usase símbolos como la oscuridad, el fuego y los gusanos para describir otra realidad invisible a nuestros ojos: la realidad del infierno. Supongo que, cuando Jesús hacía referencia al vertedero de Jerusalén para hablar del infierno, en la mente de sus oyentes se dibujaba un lugar muy concreto, el lugar del fin de las cosas. Pero, ¡atención! Que sean símbolos no significa que el infierno no sea real. Jesús usó símbolos aterradores para representar una realidad aterradora. ¿Y cuál es la aterradora realidad del infierno? ¿Realmente se trata de gusanos que comen carne podrida? ¿Es eso el infierno? Sinceramente, creo que el horror del infierno transciende a las imágenes que Jesús usó para representarlo. El apóstol Pablo define a la perfección lo terrible del infierno, cuando dice que es «eterna perdición, excluidos de la presencia de Dios» (2 Tesalonicenses 1:9). Es decir, el infierno es exclusión eterna de la presencia de Dios. Y creo que esa es la descripción de la muerte definitiva: estar excluidos de la Vida Eterna, que es Dios mismo.

Tal como yo lo entiendo, todos aquellos que en este mundo decidan excluir a Dios de sus vidas obtendrán aquello que eligieron también en la eternidad: quedarán excluidos de la presencia de Dios. Para siempre.

PERDERÁN A DIOS. NO PUEDO IMAGINAR NADA MÁS TERRIBLE QUE ESTO. SOBRE TODO, DESPUÉS DE HABERLE VISTO CARA A CARA.

Entonces, regresando a la pregunta, ¿cuántas de esas 20.000 personas que van a fallecer mientras lees este libro podrían perderse a Dios para siempre? En realidad, no podemos saberlo, pero si, al igual que yo, crees que el único camino a Dios es Jesús, eso nos puede dar una pista.

Según algunas estadísticas sobre la población mundial y sus creencias religiosas, actualmente, el 30% de la humanidad se confiesa como cristiana, por lo que podríamos suponer (y es solo una suposición) que el 70% de los que fallecen lo hacen sin haber creído en Jesús como su salvador. 7 de cada 10 personas mueren sin ser salvados. Repito, esto no es más que una suposición, porque solo Dios sabe el destino eterno de las personas. Sin embargo, esta suposición da como resultado un dato desgarrador. No puedo dejar de pensar en que, cuando termines de leer este libro, 14.000 personas habrán muerto y estarán excluidas de la presencia de Dios eternamente.

¡ES UN NÚMERO ESTREMECEDOR!

Y SE INCREMENTA SEGUNDO *tras* SEGUNDO.

Por favor, toma un momento para reflexionar sobre lo que estoy escribiendo. Ahora mismo, mientras lees estas palabras, personas están muriendo y perderán a Dios para siempre. Pero la otra cara de esta trágica verdad, que habitualmente es ignorada, es esta: ahora mismo, mientras lees estas palabras, personas están muriendo y Dios las perderá para siempre. ¡Sí! El infierno también representa una pérdida para Dios.

Cuando pensamos en el infierno, acostumbramos a pensar en el sufrimiento de las personas que se pierden, pero ¿has pensado en el sufrimiento de Dios al perder eternamente el alma de alguien que ama? Cuando alguien pierde a Dios, sin haberlo amado jamás, no dudo que sea una gran pérdida, pero, cuando Dios pierde a alguien que ha amado hasta el «sacrificio en la cruz», la pérdida es desgarradora para su corazón. Porque el corazón de Dios ama, ama con entrega absoluta, y perder lo que amas siempre deja un hueco en el corazón.

El infierno es real, tan real como el dolor que Dios siente en su corazón por cada persona que se pierde para siempre. Creo que, si como Iglesia entendemos que el infierno representa dolor para el corazón de Dios, por amor a él, haremos todo lo posible para que nadie se pierda. De hecho, creo que este debería ser nuestro más poderoso impulso para llevar a cabo la Gran Comisión: nuestro deseo de traer alegría al corazón de Dios y evitarle el sufrimiento de la pérdida. Y, por supuesto, jamás deberíamos sentir placer amenazando a las personas con la muerte eterna, porque como Iglesia no podemos sentir placer con algo que hace sufrir a nuestro Dios.

No quiero hacer teología con lo que voy a escribir a continuación, pero me gustaría compartir contigo una visión que tuve en mi mente, una escena reveladora en mi imaginación que me hizo consciente del sufrimiento que Dios siente cuando pierde a alguien.

Pude ver el corazón de Dios, un corazón de dimensiones cósmicas, resplandeciente y lleno de vida. Palpitaba con tanta fuerza que su onda expansiva sacudía las galaxias y su latido resonaba por todas partes. ¡Su sonido era la percusión de la melodía de la creación! Los ángeles contemplaban su belleza y quedaban fascinados, respondiendo con adoración al ritmo de su latir. Entonces, vi cómo las manos de Dios se hundían en su propio corazón y extraían parte de su esencia. Dios tomó una parte de su corazón en sus manos y lo comenzó a moldear, como un artista moldea la arcilla en sus manos para darle forma. Entonces, vi que, de la esencia de su corazón, Dios formaba a un ser humano. Después, tomaba otra parte de su corazón y formaba a otro. Y después a otro. Y otro más. Cada ser humano creado tenía una forma única y Dios se involucraba en su diseño de una manera muy personal, porque eran formados de su propia esencia. Dios no usaba cualquier materia para crearlos, salían de él, portaban su imagen. Después, eran lanzados por las manos de Dios a la tierra para que viviesen su propósito.

Lo fascinante de esta visión es que cada ser humano era formado de una parte irrepetible del corazón de Dios. Al cabo de un rato, me fijé en el corazón y pude notar que, en los lugares donde Dios había extraído su esencia, se quedaba un hueco abierto, un agujero con una forma singular, como si fuese el espacio vacío en un puzle que solo se puede completar con la pieza correspondiente.

Finalmente, pude ver cómo algunas personas volvían de la tierra de regreso a Dios. Él las tomaba en sus manos y con ternura las introducía nuevamente en el hueco de donde habían sido extraídas. Cada vez que una persona regresaba de vuelta a su lugar original, el corazón de Dios estallaba en gozo, iluminándose con tanta fuerza que los ángeles cubrían sus rostros para no deslumbrarse. ¡Era glorioso! Cada hueco completado desataba tal alegría en Dios que los ángeles celebraban apasionadamente el momento. Era una auténtica fiesta celestial.

Podía NOTAR el ANHELO QUE DIOS SENTÍA por RECUPERAR AQUELLOS «TROZOS» DE SU CORAZÓN; Por RECUPERARNOS A NOSOTROS.

Sin embargo, entre tanta alegría, noté algo, una especie de melancolía divina. ¿Sabes por qué? Porque algunas personas jamás regresaban de vuelta al corazón de Dios. Se perdían. Y aquellos huecos quedaban eternamente vacíos, imposibles de ser completados con ningún otro porque tenían la forma única e irrepetible de aquellas personas que Dios había formado con tanto amor. Cada hueco vacío era una marca de dolor profundo en el corazón de Dios y, a pesar del gozo por los que regresaban, podía notar el sufrimiento divino por aquellos que se perdían para siempre, por aquellos que Dios perdía para siempre.

LLORO AL PENSAR EN ESTO.

Entonces, entendí lo que Dios me quería decir con esa visión en mi mente:

«Itiel, los huecos en mis manos, mis pies y mi costado, los que me hicieron en la cruz, no me dolieron tanto como me duelen los huecos vacíos que quedan en mi corazón. ¿Podrías aliviar mi dolor trayendo de vuelta a todos los que te sea posible?».

Querido lector, al terminar de leer este libro, 14.000 huecos en el corazón de Dios podrían quedar vacíos para siempre. No me puedo quitar este número de la cabeza, porque representan 14.000 motivos para el sufrimiento de mi Dios. Mi amado Dios.

¿QUÉ TE PARECE SI HACEMOS LO POSIBLE PARA TRAER DE VUELTA A SU CORAZÓN A UNO MÁS?

Ahora tú.

TRES PREGUNTAS INCÓMODAS PARA HACERTE A TI MISMO.

NO ESCRIBAS LAS RESPUESTAS EN EL DIARIO, SOLO HAZTE ESTAS PREGUNTAS A TI MISMO.

1// ENTRE UNA COPA DE VINO QUE SE DERRAMA SOBRE MI SOFÁ Y LA SANGRE DE UN MIGRANTE QUE SE DERRAMA EN LA ARENA DE ALGUNA FRONTERA. ¿QUÉ ME ROBA MÁS EL *SUEÑO?*

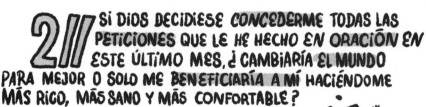

2// SI DIOS DECIDIESE *CONCEDERME* TODAS LAS PETICIONES QUE LE HE HECHO EN ORACIÓN EN ESTE ÚLTIMO MES, ¿CAMBIARÍA EL MUNDO PARA MEJOR O SOLO ME BENEFICIARÍA A MÍ HACIÉNDOME MÁS RICO, MÁS SANO Y MÁS CONFORTABLE?

3// LA ÚLTIMA BATALLA QUE HE PELEADO, ¿HA SIDO A FAVOR DE MI EGO O A FAVOR DE MI PRÓJIMO?

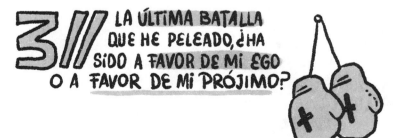

♥ INCEN(DIARIO)

ESCRIBE AQUÍ LAS SIETE PALABRAS MÁS BELLAS PARA TI

_____

_____

_____

_____

_____

_____

_____

ESCRIBE AQUÍ LAS SIETE PALABRAS MÁS HORRIBLES PARA TI

_____

_____

_____

_____

_____

_____

_____

Una vez hayas escrito tus siete palabras más bellas y tus siete palabras más horribles, destaca con una pintura la palabra que pienses que es más bella para Dios y la palabra que pienses que es más horrible para Dios.

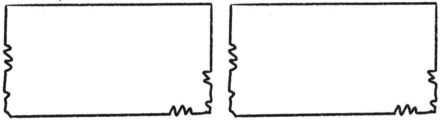

ORA LO SIGUIENTE:

«JESÚS, HAZME AMAR LO QUE TÚ AMAS Y ODIAR LO QUE TÚ ODIAS. QUE mi Corazón SE ROMPA CON LO QUE ROMPE EL TUYO Y SE ALEGRE CON LO CON LO QUE ALEGRA al TUYO».

una Carta DE DIOS PARA Él

QUERIDO _____ x

Déjame decirte QUIÉN eres PARA MÍ.

Eres mi hijo amado y estoy orgulloso de ti (Mateo 3:17).

Antes de que fueses formado en el vientre de tu madre, te conocí, incluso antes de que nacieras, te elegí (Jeremías 1:5). Sé quién eres, te conozco mejor de lo que tú te conoces y no me avergüenzo de ti (Salmos 139:1).

Sé que te has sentido huérfano, pero yo soy un padre que nunca te abandonará (Salmos 27:10). He pagado tu rescate y te he puesto un nombre nuevo: eres mío (Isaías 43:1). Eres precioso a mis ojos, seré yo quien te honre y quien te muestre afecto de muchas maneras (Isaías 43:4). Porque para mí, tú vales cada gota de mi sangre (Romanos 8:32).

Amar es mi naturaleza (1 Juan 4:8) y tú siempre serás mi amado (Jeremías 31:3). No hay nada que puedas hacer para que yo te ame más y no hay nada que puedas hacer para que yo que te ame menos. Por favor, no pienses que te voy a amar más cuando logres ser tu mejor versión. Te amo con todo mi corazón, al 100 %, y te estoy amando así ahora mismo, mientras aún estás en proceso (Romanos 5:8). Así que, déjate amar, porque esa es tu verdadera identidad: ser el amado de Dios.

Quiero que entiendas que mi mayor placer es amarte, sin límites (Miqueas 7:18). Estoy cantando una canción de amor sobre ti, estoy bailando de alegría por tenerte (Sofonías 3:17) y he convocado una gran fiesta en el cielo para celebrar tu rescate (Lucas 15:7).

Aunque todas las fuerzas del infierno se opusieran a este amor, nada podrá separarte de mí (Romanos 8:39). Ni siquiera la muerte puede arrancar tu nombre de mi corazón (Cantares 8:6).

Mi amor por ti es tan poderoso que puede hacerte libre de las cadenas de la opinión de la gente e incluso de las cadenas de tu propia opinión, puede hacerte libre de la culpa del pasado y de la ansiedad del futuro, puede hacerte libre de todos tus miedos, tengan la forma que tengan (1 Juan 4:18).

Por eso, olvídate de las cosas pasadas que te hacían sentir vergüenza, estoy haciendo algo nuevo en ti, algo extraordinario que no podrá ser arruinado (2 Corintios 5:17). Porque yo terminaré lo que he empezado, te lo prometo (Filipenses 1:6). Deja ya de preocuparte tanto, porque tengo buenos planes para ti, tengo pensamientos de bien y no de mal para darte un gran futuro (Jeremías 29:11). Incluso haré que las dificultades de tu vida te sirvan para bien, para que llegues a ser como yo he pensado que seas (Romanos 8:29).

Solo te pido esto: lee mis palabras y medita en ellas todos los días, esfuérzate por obedecer mis mandamientos y vive valientemente (Josué 1:7). Te aseguro que yo estaré contigo para enfrentar cualquier desafío, hasta el fin del mundo (Mateo 28:20).

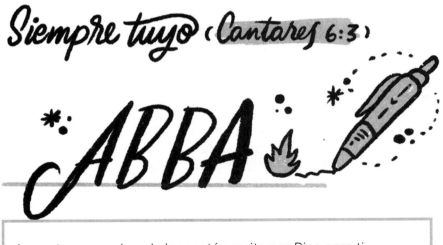

Siempre tuyo (Cantares 6:3)

ABBA

La carta que acabas de leer está escrita por Dios para ti.

Yo simplemente he extraído algunos fragmentos de la carta original para hacértelos llegar.

Si quieres leer su mensaje completo, lee la Biblia adjunta a esta carta.

una CARTA DE DIOS PARA Ella x

QUERIDA _____ x
Déjame decirte QUIÉN eres PARA MÍ.

Eres mi hija amada y estoy orgulloso de ti (Mateo 3:17).

Antes de que fueses formada en el vientre de tu madre, te conocí, incluso antes de que nacieras te elegí (Jeremías 1:5). Sé quién eres, te conozco mejor de lo que tú te conoces y no me avergüenzo de ti (Salmos 139:1).

Sé que te has sentido huérfana, pero yo soy un padre que nunca te abandonará (Salmos 27:10). He pagado tu rescate y te he puesto un nombre nuevo: eres mía (Isaías 43:1). Eres preciosa a mis ojos, seré yo quien te honre y quien te muestre afecto de muchas maneras (Isaías 43:4). Porque para mí, tú vales cada gota de mi sangre (Romanos 8:32).

Amar es mi naturaleza (1 Juan 4:8) y tú siempre serás mi amada (Jeremías 31:3). No hay nada que puedas hacer para que yo te ame más y no hay nada que puedas hacer para que yo que te ame menos. Por favor, no pienses que te voy a amar más cuando logres ser tu mejor versión. Te amo con todo mi corazón, al 100 %, y te estoy amando así ahora mismo, mientras aún estás en proceso (Romanos 5:8). Así que, déjate amar, porque esa es tu verdadera identidad: ser la amada de Dios.

Quiero que entiendas que mi mayor placer es amarte, sin límites (Miqueas 7:18). Estoy cantando una canción de amor sobre ti, estoy bailando de alegría por tenerte (Sofonías 3:17) y he convocado una gran fiesta en el cielo para celebrar tu rescate (Lucas 15:7).

Aunque todas las fuerzas del infierno se opusieran a este amor, nada podrá separarte de mí (Romanos 8:39). Ni siquiera la muerte puede arrancar tu nombre de mi corazón (Cantares 8:6).

Mi amor por ti es tan poderoso que puede hacerte libre de las cadenas de la opinión de la gente e incluso de las cadenas de tu propia opinión, puede hacerte libre de la culpa del pasado y de la ansiedad del futuro, puede hacerte libre de todos tus miedos, tengan la forma que tengan (1 Juan 4:18).

Por eso, olvídate de las cosas pasadas que te hacían sentir vergüenza. Estoy haciendo algo nuevo en ti, algo extraordinario que no podrá ser arruinado (2 Corintios 5:17). Porque yo terminaré lo que he empezado, te lo prometo (Filipenses 1:6). Deja ya de preocuparte tanto, porque tengo buenos planes para ti, tengo pensamientos de bien y no de mal para darte un gran futuro (Jeremías 29:11). Incluso haré que las dificultades de tu vida te sirvan para bien, para que llegues a ser como yo he pensado que seas (Romanos 8:29)

Solo te pido esto: lee mis palabras y medita en ellas todos los días, esfuérzate por obedecer mis mandamientos y vive valientemente (Josué 1:7). Te aseguro que yo estaré contigo para enfrentar cualquier desafío, hasta el fin del mundo (Mateo 28:20).

Siempre tuyo (Cantares 6:3)

ABBA

La carta que acabas de leer está escrita por Dios para ti.

Yo simplemente he extraído algunos fragmentos de la carta original para hacértelos llegar.

Si quieres leer su mensaje completo, lee la Biblia adjunta a esta carta.

La carta que acabas de leer no solo es para ti, es para la persona que el Espíritu Santo te mostró en el desafío incendiario de esta semana y por la que te has comprometido a orar.

Arranca la página de la carta, métela en un sobre y entrégasela a esa persona. Junto con la carta, regálale una Biblia para que pueda descubrir el mensaje completo de Dios para él/ella. Prepárale un bonito paquete con el regalo que le compraste asociado a su olor favorito.

No olvides sacarle una foto al paquete regalo y compartirlo en tus redes con el *hashtag* #SOYINCENDIARIO. Y, ¡etiquétame para que pueda verlo! ¡Quiero verlo!

EVALÚA EL DESAFÍO INCENDIARIO DE LA SEMANA

¿LE HAS DADO EL MENSAJE A UNA PERSONA?

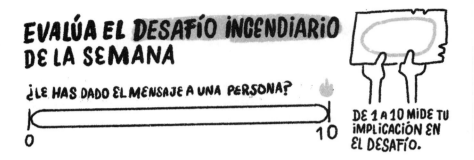

0   10

DE 1 A 10 MIDE TU IMPLICACIÓN EN EL DESAFÍO.

PARA QUE QUEDE EN TU MEMORIA ESCRIBE COMO FUE TU EXPERIENCIA Y LO QUE SENTISTE AL REALIZARLA.

_____

_____

¿QUÉ TE DIJO LA PERSONA QUE RECIBIÓ TU PAQUETE REGALO CON LA CARTA Y LA BIBLIA?

_____

_____

YA QUE ESTAMOS LLEGANDO AL FINAL DE ESTE LIBRO, CUÉNTAME. ¿CUÁL HA SIDO EL DESAFÍO QUE MÁS TE HA GUSTADO?

_____

_____

¿CÓMO ESTÁ TU CORAZÓN DESPUÉS DE HABER REALIZADO TODOS ESTOS DESAFÍOS?

_____

CIERRA el DIARIO.

PERSONALÍZALO ESCRIBIENDO TU NOMBRE EN LOS BORDES

Sácate una foto con el libro, compártela en tus redes con el *hashtag* #SOYINCENDIARIO y etiquétame para que pueda verla. Escribe en tu publicación lo que ha significado para ti vivir esta experiencia de 40 días incendiarios.